Martina Walter / Martin Werth (Hg.)

Gott spricht: Ich will dem Durstigen geben von der Quelle des lebendigen Wassers umsonst

Martina Walter / Martin Werth (Hg.)

Gott spricht: Ich will dem Durstigen geben von der Quelle des lebendigen Wassers umsonst

Die Jahreslosung 2018 – Ein Arbeitsbuch mit Auslegungen und Impulsen für die Praxis

neukirchener verlag

MIX
Papier aus verantwortungsvollen Quellen
FSC® C083411
www.fsc.org

Bibliografische Information der Deutschen Nationalbibliothek:
Die Deutsche Nationalbibliothek verzeichnet diese Publikation in der Deutschen Nationalbibliografie; detaillierte bibliografische Daten sind im Internet über http://dnb.d-nb.de abrufbar.

Umschlaggestaltung: Grafikbüro Sonnhüter, www.sonnhueter.com, unter Verwendung eines Bildes von © Inge Heinicke-Baldauf
Lektorat: Hauke Burgarth, Pohlheim
DTP: Magdalene Krumbeck, Wuppertal
Verwendete Schrift: Dante MT Std, Quay Sans ITC Std
Gesamtherstellung: cpi-books, Ebner & Spiegel, Ulm
Printed in Germany
ISBN 978-3-7615-6461-5

www.neukirchener-verlage.de

Inhalt

Vorwort

Das jährliche »Arbeitsbuch mit Auslegungen und Impulsen für die Praxis« erscheint im Neukirchener Verlag seit 2014. Vier dieser Bände hat Pfarrer Burkhard Weber (bis 2016 Direktor der Evangelistenschule Johanneum) betreut und entscheidend mitgestaltet. Als seine Kollegen und Freunde waren wir auch in den vergangenen Jahren immer wieder in den Prozess bei Entstehung der Arbeitsbücher eingebunden. Deshalb – und auch wegen der erfreulichen Resonanz auf die Bücher – haben wir uns gerne bereit erklärt, dieses Projekt nach seinem frühen Tod weiterzuführen.

Mit der Jahreslosung 2018 offeriert uns Gott ein Angebot: Dein Durst kann gelöscht werden an der Quelle des Lebens. Der Vers aus der Offenbarung klingt fast nüchtern – eine Willensbekundung Gottes. Und doch hören wir auch so etwas wie ein Werben Gottes. Ich will geben … umsonst … kostenlos. Gott will uns beschenken mit seinem Wort, mit Hoffnung, mit ewigem Leben, mit sich selbst. Darüber lohnt es nachzudenken. Das vorliegende Buch soll Sie in diesem Nachdenken unterstützen und anregen und als ein Arbeitsbuch auch zum Arbeiten einladen.

Was kann es in der Gemeinde Schöneres geben, als wenn Menschen alleine und in Gruppen mit Bibeltexten arbeiten! Daher finden sich in diesem Buch keine fertigen Leseandachten, sondern Bausteine und Anregungen, die zur Weiterarbeit ermutigen sollen. Hier dürfen Sie sich bedienen, auswählen, überprüfen, verändern. Ein Arbeitsbuch ist wie ein Steinbruch, aus dem Sie herausnehmen können, was für Ihre Lebenssituation oder ihren Gemeindekreis gerade hilfreich ist.

Wir haben auf vielfältige, unterschiedliche Zugangsweisen zum Bibelwort und seinen Themenfeldern geachtet. Wir sind dankbar für viele engagierte Mitautorinnen und Mitautoren, die aus unterschiedlichen Fachbereichen ihre Zugänge zur Jahreslosung und zu einzelnen zentralen Begrifflichkeiten beigetragen haben.

Wir danken Frau Ruth Atkinson und Herrn Hauke Burgarth für die kompetente Betreuung des Buches.

Schließlich wünschen wir uns, dass die Jahreslosung 2018 für viele – auch über den Neujahrstag hinaus – ein Lebenswort wird, das Hoffnung und Freiheit schenkt und unseren Glauben und unser Leben bereichert.

Martina Walter *Dr. Martin Werth*

GOTT SPRICHT: ICH WILL DEM
DURSTIGEN GEBEN VON DER
QUELLE DES LEBENDIGEN WASSERS
UMSONST

Exegetische und theologische Beobachtungen zur Jahreslosung

Martin Werth

Unsere Jahreslosung für 2018 ist ein großes Verheißungswort. Wenn sie auch sprachlich kurz ist, so ist sie doch äußerst gehaltvoll. Ich möchte in einem ersten Schritt diesen Vers in seinen einzelnen Bestandteilen näher betrachten. Dabei greife ich auf verschiedene Übersetzungen zurück, in denen der kurze Satz aus dem griechischen NT variantenreich wiedergegeben und interpretiert wird. Ich sortiere die Übersetzungen nach der Anzahl der Wörter, die sie verwenden. Dabei ist die Kürze oder Länge der jeweiligen Übersetzung alleine noch kein Qualitätskennzeichen. Für die eine Bibelleserin mag der kurze Satz prägnant und hilfreich sein, für den anderen Bibelleser ist vielleicht eher die erklärende Umschreibung hilfreich.

Der griechische Satz umfasst 12 Wörter, darunter vier Artikel. Entsprechend benötigt die lateinische Übersetzung der Vulgata (das Lateinische hat keine Artikel) nur acht Wörter. Die deutschen und englischen Übersetzungen brauchen zwischen elf und 24 Wörter.

Einige ausgesuchte Übersetzungen

Ego sitienti dabo de fonte aquae vivae gratis. (Vulgata)

Allen Durstigen werde ich Wasser aus der Quelle des Lebens schenken. (Hoffnung für alle)

Ich werde den Dürstenden aus der Quelle des Lebenswassers umsonst geben. (Bibel in gerechter Sprache)

Ich will dem Durstigen geben von der Quelle des lebendigen Wassers umsonst. (Luther)

Ich will dem Dürstenden aus der Quelle des Wassers des Lebens geben umsonst. (Elberfelder)

Ich werde dem Dürstenden von der Quelle des Lebenswassers zu trinken geben, umsonst. (Zürcher Bibel)

Ich will dem Dürstenden geben aus dem Quell des Wassers des Lebens umsonst! (Schlachter)

Ich werde dem Durstigen Wasser vom Lebensquell geben, und er braucht's nicht zu entgelten. (Walter Jens, Das A und das O)

Wer Durst hat, dem werde ich zu trinken geben: Wasser aus der Lebensquelle, ganz umsonst! (Das Buch)

Ick ward den Döstigen för ümsüs ut den Born tau drinken gewen, dei Lewenswater hett. (Dat Ni Testament för plattdütsch Lüd in ehr Muddersprak oewerdragen)

I will den, mo an Durst hat, aus dr Quell vom Lebenswasser ganz omsonst trenka lassa. (Bibel für Schwoba)

I will give unto him that is athirst of the fountain of the water of life freely. (Holy Bible, King James Version)

Jedem, der durstig ist, werde ich aus der Quelle, die das Wasser des Lebens enthält, umsonst zu trinken geben. (Neues Leben)

Jeder, der Durst hat, wird von mir aus der Quelle zu trinken bekommen, wo das Leben entspringt. Und zwar umsonst. (Volxbibel)

Wer dörsti is, den will ick to drinken gewen ut den Born, de dat Lewenswater in sick bargn deit. He schall dat umsünst hebbn. (Dat Nie Testament in unse Moderspaak).

Ich – Gott redet!

Das erste Wort der Jahreslosung ist das markante »Ich« Gottes. Es ist in zweierlei Weise auffällig.

Die erste Auffälligkeit: Nur an dieser Stelle haben wir in der Offenbarung des Johannes eine eindeutige Gottesrede! Ein kurzes Gotteswort findet sich in der Einleitung in 1,8. Ein wenig unklar sind die Redestücke in Kap. 22 (Johannes, ein Engel, Jesus, Gott?). Hier in Kap. 21,5-8 haben wir die klare Gottesrede.

Die zweite Auffälligkeit ist das im griechischen Text vorangestellte »ego«. Da im Griechischen das Subjekt bereits im finiten Verb enthalten ist, kommt das zusätzliche Personalpronomen nur sehr selten vor. Markant begegnet es uns in den »Ich-bin-Worten« des Johannesevangeliums. Im Grunde müsste bei der Übersetzung das »Ich« jeweils doppelt genannt werden, um diese Hervorhebung auch im Deutschen deutlich zu machen. »Ich, ich werde dem Dürstenden geben …« und zwar im Sinne von: »Ich selbst«, oder: »Ich und kein anderer«.

Der lebendige Gott redet zu Johannes und zu uns. Sein »Ich« steht am Anfang unserer Jahreslosung.

Durst

Der Empfänger des Verheißungswortes ist der dürstende Mensch. Dieser wird im Singular angesprochen. Einige Übersetzungen wechseln in den Plural (»Allen Durstigen«, Hoffnung für alle) oder sie verallgemeinern die Aussage durch Relativsätze (»Wer Durst hat«, Das Buch, »Jeder, der Durst hat«, Volxbibel). Diese Ausweitung auf den Plural ist sachlich bestimmt nicht falsch. Unser Text kennt keine Einschränkung des Personenkreises außer dem Kriterium des Durstes. Dennoch scheint mir der Singular wichtig. Der biblische Autor hätte leicht auch im Plural formulieren können, er tut es aber nicht. Ich verstehe das so: Gott spricht mit mir und dir per Du. Er spricht die und den Einzelne/n an: »Du, die du Durst hast / Du, der du Durst hast, ich will dir geben …«. Natürlich gilt die Aussage sachlich allen dürstenden Menschen. Die Kommunikation geschieht aber vom einzigen Gott zum einzelnen dürstenden Menschen. Der/die Einzelne ist bei Gott im Blick.

Körperlich empfundener Durst ist ein deutliches Symptom für die Bedürftigkeit und Anfälligkeit des menschlichen Lebens. Ohne Nahrung halten wir es eine ganze Weile aus. Ohne Wasser gehen wir schnell zugrunde. In Mitteleuropa sind wir durch Wasserreichtum verwöhnt. Trotzdem ahnen wir spätestens nach einer Bergwanderung oder einem heißen Tag mit körperlicher Arbeit, dass der Mangel an Wasser existenzielle Krisen auslösen kann. Um wie viel mehr gilt das für die Regionen der Erde, die durch Trockenheit und Wüsten gekennzeichnet sind. Hunger und Durst sind die Basisbedürfnisse des menschlichen

Lebens. Es ist kein Wunder, dass Jesus unsere Bereitschaft, Hunger und Durst zu stillen, als erstes Kriterium seiner Gerichtsszene in Mt 25,35+42 benennt.

Wer einmal mit schlecht gelaunten Kindern zu tun hat, dem sei empfohlen, ihnen zuerst etwas zu trinken zu geben. Die Laune bessert sich in der Regel recht schnell. Dagegen ist der alte Spruch »von der Frau Wurst und ihrem Hündchen« eine bodenlose Gemeinheit. Die »Macht« oder die »Not« des Durstes wird sprachlich unter anderem dadurch deutlich, dass vereinzelt von einem »Höllendurst« oder einem »Mords-Brand« gesprochen wird.

Dass Durst ein Wegbereiter der Sucht werden kann, ist offensichtlich, wenn man die Vielzahl an säkularen Liedern und Sprüchen wahrnimmt, die ihn thematisieren. So heißt es lapidar: »Durst wird durch Bier erst schön!«, oder schon vor Jahrzehnten: »Was wollen wir trinken, sieben Tage lang, was wollen wir trinken, so ein Durst.«

Die Alkoholsucht wird gesellschaftlich oft bagatellisiert. Umso wichtiger ist es wahrzunehmen, dass diese Sucht oft Symptom für eine tiefere Leere ist. So kann man auch folgende Aussage eines Betroffenen lesen: »Alle reden von meiner Trinkerei, aber niemand von meinem *Durst.*«

Quelle des Wassers des Lebens

Wasser ist natürlich auch in der Bibel eine positive, das Leben ermöglichende Größe. Aber das Wasser bedarf einer näheren Bestimmung. Wasser alleine ist ambivalent. Wasser ist auch lebensbedrohlich, vor allem das Meer. Nicht allein, dass Meerwasser für den Menschen ungenießbar ist, der Mensch des Altertums wusste auch genau, dass er die Gewalt des Meeres nicht kontrollieren kann. Spätestens seit den Tsunamis von 2004 (Thailand, Indonesien) und 2011 (Japan, Fukushima) wissen wir es auch. Für den Menschen in biblischer Zeit war auch jede Seereise mit erheblichen Risiken verbunden. Vom Meer geht Lebensgefahr aus. Daher wundert es nicht, dass der Feind in der Offenbarung des Johannes aus dem Meer kommt (13,1).

Wasser braucht daher eine erläuternde Ergänzung. Es ist z. B. vom frischen Wasser die Rede oder vom lebendigen Wasser oder von der Quelle. Da ist das Wasser rein und ungefährlich. Die Quelle verheißt Leben. Und so macht es unsere Jahreslosung in der Zusammenstellung dreier Begriffe: Gott wird geben aus »der Quelle des Wassers des Lebens«. Die Genitivattribute bestimmen die Qualität. Es ist eine Quelle des Wassers und zwar des Wassers des Lebens, eine Lebenswasserquelle. Aus dieser Quelle darf der Dürstende trinken. Dazu gibt es schon in Joh 4,14 eine wunderschöne Parallele, die deutlich macht, dass dieses Lebenswasser mehr ist als frisches $H2O$. (Vgl. den Beitrag von Martina Walter in diesem Buch.) Joh 7,38 weist nochmals Jesus als den Geber des lebendigen Wassers aus, das dort mit dem Heiligen Geist identifiziert wird. Dies ist ein wichtiger Hinweis darauf, dass dieses Wasser kein Privatbesitz bleibt, sondern dass es überquillt, hin zu den Anderen.

Umsonst

Das letzte Wort der Jahreslosung trägt die höchste Bedeutung. Die griechische Sprache des NT ist in ihrem Satzbau deutlich freier als die deutsche Sprache. Oft fällt auf, dass inhaltlich besonders betonte Worte bewusst an das Ende eines Satzes gestellt werden. Das »umsonst« hätte als Adverb eigentlich zum Verb gestellt werden können. »Ich will umsonst geben.« Die Hoffnung für alle verbindet das Verb »geben« und das Schlusswort »umsonst« zu »schenken«. Andere Übersetzungen ziehen das umsonst nach vorne zum Verb (Bibel in gerechter Sprache, Dat Ni Testament för plattdütsch Lüd, Bibel für Schwoba, Neues Leben). Die Offenbarung des Johannes setzt es betont an den Schluss des Satzes, die meisten Übersetzungen folgen dieser Struktur. Das Lebenswasser ist gratis (Vulgata), freely (Holy Bible). Walter Jens umschreibt: »Und er braucht es nicht zu entgelten.« Das Nie Testament umschreibt: »He schall dat umsünst hebbn.«

Was ist umsonst? »Gar nichts«, sagt mancher und der Zyniker meint: »Umsonst ist der Tod.« Wenn wir es positiver fassen wollen, fallen uns Geschenke ein. Aber auch da ist es oftmals schwierig. Zumindest etliche Erwachsene rechnen nach, für welchen Wert sie diese Geschenke beim nächsten Geburtstag zurückschenken müssen. Mit »umsonst«, so schön es auch klingt, tun wir uns oft schwer. Da ist eine Skepsis vorhanden.

Das griechische *dorean* kommt im NT lediglich achtmal vor und es kann – wie im Deutschen – einerseits »kostenlos« und andererseits »vergeblich« (Joh 5,21; Gal 2,21) bedeuten. Paulus betont, dass er sich für seine Arbeit nicht bezahlen ließ (2. Kor 11,7) und auch für sein Brot selbst bezahlte. Er hat »umsonst«, aber sicher nicht »vergeblich«, gearbeitet. Die übrigen vier Stellen unterstreichen, dass das Evangelium für uns kostenlos ist. Jesus mahnt seine Jünger in der Sendungsrede (Mt 10,8), dass sie das Evangelium umsonst empfangen haben und entsprechend auch umsonst weitergeben sollen. Wir dürfen aus dem Evangelium kein Geschäft machen! Im Römerbrief entfaltet Paulus sein Evangelium von der Rechtfertigung des Menschen allein durch Christus, allein aus Gnade, allein durch den Glauben. Dort sagt er: »Sie sind allesamt Sünder und ermangeln des Ruhmes, den sie vor Gott haben sollen, und werden ohne Verdienst (*dorean* = umsonst) gerecht aus seiner Gnade durch die Erlösung, die durch Christus Jesus geschehen ist« (Röm 3,23f). Was die Lutherbibel interpretierend mit »ohne Verdienst« übersetzt, heißt schlicht: umsonst, gratis, freely. Für das Evangelium musst du nichts bezahlen, du brauchst keine Vorleistungen zu erbringen, du kannst es dir schenken lassen, es ist für dich umsonst! Was Paulus hier unterstreicht, nimmt die Offenbarung mit der Jahreslosung in 21,6 und in 22,17 als Einladung wieder auf.

Der Kontext der Jahreslosung

Unsere Jahreslosung ist Teil der Perikope über den neuen Himmel und die neue Erde (Offb 21,1-8). Kapitel 20 benannte die letzten Kämpfe auf Erden und das Weltgericht.

Und nun kommt in Kap. 21+22 die große Ankündigung der neuen Schöpfung und der unverstellten Gegenwart Gottes bei seinen Menschen.

Ich gehe an den acht einleitenden Versen entlang.

V. 1: Der Neuanfang Gottes kann nicht radikaler gedacht werden. Ein neuer Himmel und eine neue Erde ersetzen den alten Kosmos. Es geht in Gottes ewigem Reich nicht um eine Ausbesserung oder leichte Korrekturen, es geht um völlig neue Bedingungen. Weniger als ein neuer Himmel und eine neue Erde werden nicht helfen. Wie in einem kleinen Anhang wird erwähnt, dass auch das Meer nicht mehr existiert. Was beim ersten Lesen für ältere und jüngere Bibelleser bedauerlich scheint (Ich wollte doch mal eine Kreuzfahrt machen! Wo soll ich denn dann surfen?), ist für die ersten Leser der Offenbarung eine große Erleichterung. Das Meer ist in seiner Realität und der Bildsprache der Offenbarung lebensbedrohlich. Das Tier von Offb 13 entsteigt dem Meer und in Offb 20,13 muss auch das Meer seine Toten wieder herausgeben. Wenn Johannes betont, dass das Meer nicht mehr existiert, dann sagt er damit auch, dass der Ort der gottfeindlichen Macht verschwunden ist.

V. 2: Als zweites sieht Johannes das neue Jerusalem aus dem Himmel herabkommen. Mit Himmel ist hier nicht der die Erde überspannende Teil des Kosmos gemeint, sondern der »Raum« Gottes. Die eigentliche Betonung liegt aber auf dem Brautschmuck dieser Stadt. Wichtiger als die Frage, wie so ein Schmuck bei einer Stadt aussieht, ist die Symbolik, die Johannes mit diesem Bild ausdrückt. Die Metaphorik von Braut und Bräutigam findet sich wiederholt in der Bibel (vgl. u. a. Jes 62,5; Jer 2,2f). Immer wieder wird Gott als Ehemann und sein Volk Israel als Ehefrau dargestellt. In diesem Bild wird einerseits die Liebe Gottes zu seinem Volk beschrieben (dies wird der Grund sein, warum das Hohelied in den Kanon der Bibel aufgenommen wurde), andererseits wird durch die Propheten die Untreue seines Volkes (Ehebruch) benannt. Wenn die Offenbarung das neue Jerusalem mit dem Bild der geschmückten Braut beschreibt, dann wird deutlich, dass Gott selbst einen neuen Bund mit seinem geretteten Volk eingehen wird.

V. 3: Eine Stimme vom Thron ruft aus: »Die Hütte Gottes bei den Menschen und er wird bei ihnen wohnen.« Nomen und Verb gehören zur selben Wortfamilie. Die bessere Übersetzung lautet eigentlich: Zelt, zelten. Eventuell findet sich hier eine Anlehnung an die Stiftshütte Israels (Zelt der Begegnung) in vorstaatlicher Zeit seit Mose. Das Verb findet sich auch in Joh 1,14: »Und das Wort wurde Fleisch und wohnte (zeltete) unter uns.« Wie Jesus während seiner Wanderschaft mit sehr leichtem Gepäck bei und mit seinen Jüngern »wohnte«, so wird der lebendige Gott im neuen Jerusalem bei seinen Völkern sein. Entsprechend betont Offb 21,22, dass die Stadt keinen Tempel hat, denn wenn Gott und das Lamm dort wohnen, braucht man keinen Tempel mehr. Die Stimme vom Thron wiederholt die alte Bundesformel: Gott, der Gott Israels, Israel, das Volk Gottes, nur dass diese Formel jetzt auf den Plural ausgeweitet und um den Namen Gottes (Gott mit ihnen) erweitert wird. Sie werden »seine Völker« sein. Alle Welt ist bei Gott im Blick. Und dieser Gott ist der »Gott mit uns«, der Immanuel (vgl. 2. Mo 3,14; Mt 28,20).

V. 4: Die Tränen, die das menschliche Leben in der alten Schöpfung kennzeichnen, werden in einer väterlich-mütterlichen Bildsprache abgewischt. Warum ist das möglich? Weil das, was diese Tränen verursacht, beseitig ist. Der Tod als Feind alles Lebens wird als erster abserviert (vgl. 1. Kor 15,54-57) und also auch Leid, Geschrei und Schmerz. Die Neuschöpfung schafft völlig veränderte Lebensbedingungen. Das erste ist wirklich vergangen.

V. 5: Nun redet Gott selbst. Er macht alles neu. Was von Jesaja (43,19) angekündigt und von Paulus im Glauben schon gesehen wurde (2. Kor 5,17), wird jetzt Wirklichkeit. Erneut erhält Johannes einen Schreibbefehl (vgl. 1,11.19; 14,13; 19,9), diesmal von Gott selbst.

V. 6: »Es ist geschehen.« »Was ist geschehen?«, fragen wir. Intuitiv denke ich an Jesu Worte: »Es ist vollbracht«, auch wenn es sprachlich im Griechischen keine Verbindung gibt. »Es ist geschehen« bedeutet wohl so viel wie: »Jetzt ist alles klar.« »Jetzt habe ich Fakten geschaffen, die unveränderlich sind.« »Jetzt werdet ihr es in voller Klarheit erkennen können.« Und dann wird Offb 1,8 wieder aufgenommen. A und O bezeichnen Anfang und Ende, Ursprung und Ziel. In der Vollmacht dessen, durch den und auf den hin alles geschieht und gewirkt wird (vgl. Kol 1,16), spricht Gott seine große Einladung aus, die unsere Jahreslosung 2018 darstellt.

Die Verse 7 und 8 machen uns ein wenig Mühe. Man könnte versucht sein, sie bei einer Auslegung des ganzen Textabschnittes auszulassen. Vielleicht darf man das auch einmal. Ich möchte dennoch einige Erläuterungen versuchen.

V. 7: Wer überwindet, wird erben. Gott spricht ihm die Bundesformel zu. Wer überwindet! Stellt Gott nun doch Bedingungen? Nimmt Vers 7 die schöne Einladung der Jahreslosung aus Vers 6 wieder zurück? Kann doch nicht jeder kommen und »umsonst« trinken? Wen oder was sollen wir denn überwinden? So können naheliegende Fragen lauten. Zunächst ist wichtig – auch wenn es dadurch nicht leichter wird –, dass das Verb hier eigentlich »siegen« heißt. Dasselbe Verb findet sich am Ende aller sieben Sendschreiben (2,7.11.17.26; 3,5.12.21). Dort bezeichnet es den Impuls, das zuvor angemahnte Verhalten zu ändern bzw. das neue Verhalten auch wirklich umzusetzen. Die Überwinder- oder besser Siegersprüche sind eine Aufforderung zur Umkehr. Wird dann meine Umkehr zu einer Bedingung zu der ich das Heil bekomme? Wenn ja, dann weiß ich doch gar nicht, ob ich diese Umkehr schaffe, ob ich das auch immer durchhalten werde. Mir hilft bei diesen Fragen, dass das Siegen noch an einer anderen Stelle in der Offenbarung vorkommt. Als es in Offb 5 um das Buch mit den sieben Siegeln geht, findet sich zunächst niemand, der würdig wäre, das Buch zu öffnen. Das löst bei Johannes große Trauer aus. Doch dann kommt einer der Ältesten zu ihm und sagt: »Weine nicht! Einer hat gesiegt …!« (5,5). Es gibt in Zeit und Ewigkeit tatsächlich nur einen Sieger, Jesus, den Löwen aus dem Stamm Juda, die Wurzel Davids, und den sieht Johannes dann wie ein geschlachtetes Lamm, das das Heft in die Hand nimmt. Es gibt nur einen Sieger, und all unser Siegen wird nur gelingen, wenn wir uns immer und immer wieder an diesen Sieger hängen, wenn wir ihn für uns siegen lassen.

V. 8: Der Schlussvers macht uns noch einmal die Hölle heiß. Das mag uns bei diesem bisher so wunderschönen Text ärgern. Die Feigen, Ungläubigen, Frevler, Mörder, Hurer, Zauberer, Götzendiener und Lügner werden genannt. Acht Symptome nimmt die Offenbarung in den Blick. Können wir uns davon freisprechen? Vom Mord vielleicht, aber gilt das auch dann noch, wenn wir die Definition Jesu in Mt 5,21f anwenden. Können wir uns von der Lüge freisprechen oder von der Feigheit? Interessant ist, dass die vermeintlich harmlose Feigheit und der Unglaube, den man auch mit Untreue übersetzen kann, am Anfang stehen. Ja, die Gemeinde, die die Offenbarung liest, wird nochmal ermahnt. Sie soll achthaben auf sich, sie soll standhalten. Gerade in einer größeren oder kleineren Verfolgungssituation, wie sie die ersten Leser der Offenbarung erlebt haben werden, sind Mut zum Bekenntnis und Vertrauen in die Gegenwart Gottes die Kriterien, um die es geht. Die Gemeinde, die das Neue Jerusalem und die Nähe Gottes schon vor Augen gestellt bekommt, soll selbst standhalten. Das kann und wird nur in der Nähe zum Sieger-Lamm gelingen.

Parallelstellen in der Offenbarung

Unsere Jahreslosung hat in der Offenbarung zwei Parallelstellen in Kap. 7 und 22.

Nach der großen doppelten Thronsaalvision (Kap. 4: Gott auf dem Thron, Kap. 5: die Herrschaft des Lammes) bricht in Kap. 6 mit dem Öffnen der Siegel das Chaos los.

Es beginnt mit den apokalyptischen Reitern und wird auch danach nicht besser. Tod und Verderben kommen über die Welt. Und genau in dieses erste Chaos hinein stellt die Johannesoffenbarung mit Kap. 7 ein großes Heilskapitel, das schon ganz viel von der Schlussoffenbarung in Kap. 21 und 22 vorwegnimmt. Es ist, als wollte sie sagen: Ich muss euch schon mal einen Ausblick geben, sonst haltet ihr nicht durch.

Dieser beginnt mit den Versiegelten aus dem Volk Israel. Es sind 144.000. 12 x 12 x 1.000 ist in meinem Verständnis keine ausgrenzende Summe, sondern eine heilige Vollzahl, durch die das Volk des ersten Bundes Gottes gekennzeichnet wird. Und dann kommt »die große Schar, die niemand zählen kann, aus allen Nationen und Stämmen und Völkern und Sprachen; die stehen vor dem Thron und dem Lamm, angetan mit weißen Kleidern«. Im Himmel ist offenkundig viel Platz. Die These, es könnten nur wenige hineinpassen, ist durch Offb 7,9 widerlegt. Schon Jesus sagt: »In meines Vaters Haus sind viele Wohnungen« (Joh 14,2). Auffällig ist in Offb 7 das vierfache Benennen der Abstammung dieser Menschen. Aus allen Nationen, Stämmen, Völkern, Sprachen. Die Begriffe sind alle synonym. Einer der vier Begriffe hätte eigentlich gereicht. Es ist, als wollte uns die Offenbarung des Johannes vergewissern, dass wir wirklich auch dazugehören dürfen. So nach dem Motto: Nicht nur die Europäer, sondern ausdrücklich auch die Spanier und da ausdrücklich auch die Basken und da ausdrücklich auch das kleine Dorf, das noch einen eigenen Dialekt spricht. Alle, jede und jeder Einzelne, sind bei Gott im Blick, bis zum letzten vielleicht noch unbekannten Stamm. Gott baut sein Reich aus allen

Nationen und Stämmen und Völkern und Sprachen. Das wird eine wunderbare Vielfalt sein.

Am Schluss von Offb 7 heißt es: »Diese sind's, die aus der großen Trübsal kommen und haben ihre Kleider gewaschen und haben sie hell gemacht im Blut des Lammes. Darum sind sie vor dem Thron Gottes und dienen ihm Tag und Nacht in seinem Tempel; und der auf dem Thron sitzt, wird über ihnen wohnen. Sie werden nicht mehr hungern noch dürsten; es wird auch nicht auf ihnen lasten die Sonne oder irgendeine Hitze; denn das Lamm mitten auf dem Thron wird sie weiden und leiten zu den Quellen lebendigen Wassers, und Gott wird abwischen alle Tränen von ihren Augen« (7,14-17).

Das rettende Handeln Jesu, die Rechtfertigung des Sünders allein aus Gnaden, allein durch Christus, allein durch den Glauben (vgl. oben zu Röm 3) hat dieser Menge eine neue Lebensexistenz eröffnet. Dabei werden die Lebensbedingungen des Neuen Jerusalems, die in Kap. 21 und 22 entfaltet werden, bereits vorweggenommen. »Der auf dem Thron sitzt« – also Gott selbst – »wird bei / über ihnen zelten«. Das Verb »zelten« ist hier genau gleich wie in 21,3. Die Präposition ist in 7,15 eine andere. Sie kann durchaus auch mit »bei« oder »zusammen mit« übersetzt werden. Vielleicht ist aber auch der Aspekt gemeint, dass über den Menschen ein Zelt wie ein Schutzdach aufgebaut wird. Wie auch immer: Die Parallele zu Offb 21 ist deutlich zu erkennen. In dieser Gottesgemeinschaft sind Hunger und Durst Vergangenheit. Das Lamm Gottes ist der Hirte. Er führt zu den Quellen des lebendigen Wassers. Gott selbst wischt die Tränen ab. Kap. 21 und 7 entsprechen einander.

An dieser Stelle ist mir ein kleiner Hinweis wichtig. Als Christen bekennen wir einen dreieinigen Gott in Vater, Sohn und Heiligem Geist. In der Praxis wirkt es manchmal so, als würden wir drei Götter benennen und bekennen. Nach meinem Eindruck betonen wir oft die Dreiheit mehr als die Einheit. Das ist problematisch. Wir sollten die Einheit des einen Gottes, der uns in Vater, Sohn und Geist begegnet, mindestens in gleichem Maße betonen. Dabei können wir uns von der Offenbarung des Johannes helfen lassen. Die Bilder des erhöhten Christus und des ewigen Vaters verschwimmen ineinander. Teilweise weiß der Leser kaum, von wem die Schrift an bestimmten Stellen spricht. So auch hier: »Der auf Thron sitzt …«. Aha, Gott, der Vater, der Schöpfer aller Dinge, so haben wir es ja in Offb 4 gelesen. Und dann heißt es: »Das Lamm mitten auf dem Thron wird sie weiden«. Saß da nicht der Vater? Doch, aber Vater und Sohn sind ja eins, sind ein Gott, nicht zwei Götter. Die Offenbarung des Johannes unterscheidet kaum. Sie führt zusammen, was schon immer eins ist: der eine Gott.

Am Ende der Offenbarung spricht Jesus (22,16). Und dann wird die große Einladung wiederholt: »Und der Geist und die Braut sprechen: Komm! Und wer es hört, der spreche: Komm! Und wen dürstet, der komme; wer da will, der nehme das Wasser des Lebens umsonst« (22,17). Einer erzählt es dem anderen. Wer immer es hört, gibt die gute Nachricht weiter: Komm, komm doch auch und sag es allen, die du triffst. Wasser des Lebens ist da, Lebenswasser, und es ist umsonst, gratis, freely. Diese Botschaft gilt uns, besser: Sie gilt dir und mir und jedem Menschen, dem wir begegnen. Wir dürfen das große »Komm!« selbst hören und weitersagen.

Alttestamentliche Parallelen

Die Offenbarung des Johannes ist das neutestamentliche Buch mit den meisten Zitaten und Anspielungen auf alttestamentliche Verheißungen. Die Sicht auf die unverhüllte Gegenwart Gottes, die Johannes geschenkt wird, verbindet sich mit der Erinnerung an die Verheißungen, die Gott seinem Volk bereits gegeben hat. Damit werden Israel diese Verheißungen nicht genommen, sondern Johannes sieht sie für alle Welt gemeinsam mit Israel als erfüllt.

Ich will abschließend noch einige wenige alttestamentliche Parallelen zur Jahreslosung aus Offb 21 nennen.

Dass Gott Neues schafft, bezeugt vor allem Jesaja. »Gedenkt nicht an das Frühere und achtet nicht auf das Vorige! Denn siehe, ich will ein Neues schaffen, jetzt wächst es auf, erkennt ihr's denn nicht?« (Jes 43,18f). Diese Botschaft, die vermutlich besonders dem Volk während der babylonischen Gefangenschaft galt, weitet sich zu der Hoffnung, dass das Neue ganz radikal durchgreift, dass die Lebensbedingungen verändert werden, dass es einen neuen Himmel und eine neue Erde geben wird: »Denn siehe, ich will einen neuen Himmel und eine neue Erde schaffen, dass man der vorigen nicht mehr gedenken und sie nicht mehr zu Herzen nehmen wird« (Jes 65,17).

Das Heilvolle der Neuschöpfung und die Gegenwart Gottes haben eine dreifache Konsequenz:

a) Es gibt keinen Mangel mehr an den Grundbedürfnissen des Menschen. Hunger und Durst (physisch und metaphorisch) werden gestillt: »Sie werden weder hungern noch dürsten, sie wird weder Hitze noch Sonne stechen; denn ihr Erbarmer wird sie führen und sie an die Wasserquellen leiten« (Jes 49,10).
b) Wo der Mangel gestillt und die Not beseitigt ist, wird auch das Weinen aufhören: »Ich will fröhlich sein über Jerusalem und mich freuen über mein Volk. Man soll in ihm nicht mehr hören die Stimme des Weinens noch die Stimme des Klagens« (Jes 65,19).
c) Der Tod als Feind und Ende des Lebens verschwindet: »Er wird den Tod verschlingen auf ewig. Und Gott der HERR wird die Tränen von allen Angesichtern abwischen und wird aufheben die Schmach seines Volks in allen Landen; denn der HERR hat's gesagt« (Jes 25,8).

Jes 55,1 formuliert es fast genauso wie unsere Jahreslosung. AT und NT stimmen in ihrer Botschaft der Hoffnung überein: »Wohlan, alle, die ihr durstig seid, kommt her zum Wasser! Und die ihr kein Geld habt, kommt her, kauft und esst! Kommt her und kauft ohne Geld und umsonst Wein und Milch!«

Nie wieder Durst!

Meditation zum Titelbild von Inge Heinicke-Baldauf und zur Jahreslosung

Johannes Beer

Auf den ersten Blick

Rechts ein orangefarbener Kopf im Profil und links blaues fließendes Wasser dominieren das Bild der Wuppertaler Künstlerin Inge Heinicke-Baldauf, das sie zur Jahreslosung 2018 gemalt hat. Die Spannung zwischen diesen beiden Farbfeldern bestimmt den ersten Eindruck, sodass der Blick hin und her wandert.

Das Gesicht ist fleckig und in seiner Farbgebung eher unnatürlich. Die Haare sind in Rosatönen gehalten. Oder ist es ein Tuch, das den Kopf bedeckt? Das Profil ist durch eine klare Linie bis in den Schulterbereich hervorgehoben, während Einzelheiten des Gesichtes, wie zum Beispiel das Auge oder die Lippen, nicht zu erkennen sind. Unter dem Kinn sehen wir eine erhobene Hand, die nach oben geöffnet ist. Sie ist nur durch Umrisslinien gestaltet und wirkt farblos durchscheinend.

Von links oben ziehen sich Striche in Blautönen nach unten und vermitteln den Eindruck von fließendem, ja fallendem Wasser. Der Anfang und Ursprung dieses Wasserfalles liegt außerhalb des Bildes. Unten wirkt das Wasser auslaufend, als flösse es noch nicht lange, als hätte das Wasser gerade erst begonnen, sich zu ergießen. Einige Flecken wirken wie fallende Tropfen, die ihren Weg nach unten suchen. Und dennoch ist unten links eine grüne Ecke, so wie wir sie an Wasserfällen oder Wasserstellen vermuten. Eine Ecke, die vom Grünen der Pflanzen, vom Wachstum der Vegetation erzählt.

Der Durst

Richtiger Durst ist etwas Schreckliches. Intensivmediziner berichten, dass er oft schlimmer als Schmerzen wahrgenommen wird. Der Körper eines Menschen braucht regelmäßig Wasser, um seine Funktionen aufrechterhalten zu können. Wenn das Nass fehlt, wenn wir nicht trinken können und womöglich langsam austrocknen, meldet sich der Durst. Erst als leichtes Unwohlsein, dann als Warnsignal und schließlich immer heftiger bis hin zum alles bestimmenden Schmerz. Immer stärker wird das Wohlbefinden beeinträchtigt, bis nur noch der Durst wahrgenommen wird. Schwindel und Verwirrtheit kommen hinzu. Psalm 22 drückt dies so aus: »Meine Kräfte sind vertrocknet wie eine Scherbe, und meine Zunge klebt mir am Gaumen, und du legst mich in des Todes Staub« (V. 16).

Bei einer Fahrt durch den Sinai habe ich es einmal erlebt, was geschieht, wenn Menschen zu wenig trinken. Eine Dame, eine Touristin ohne Wüstenerfahrung, hatte es abgelehnt, mehr zu trinken, als sie es normalerweise tat, obwohl die Luft dort zur Austrocknung führt und die hohen Temperaturen leicht zur Überhitzung des Körpers beitragen. Sie ekelte sich vor dem Wasser aus den mitgeführten großen Behältern und hielt sich an ihrer kleinen Wasserflasche fest. Immer wieder nippte sie, hatte aber nicht genug, um wirklich zu trinken. Sie befeuchtete die Lippen und den Mund, um den Durst nicht so zu spüren, merkte aber, dass dieser immer heftiger und fordernder wurde. Als sie dann mit ihrem Willen nicht mehr gegen das Durstgefühl ankam und endlich wirklich trinken wollte, konnte sie sich kaum noch auf den Beinen halten. Sie war schon vom Wassermangel gezeichnet und brach zusammen.

Natürlich erinnert mich der Kopf auf dem Bild von Inge Heinicke-Baldauf an diese Touristin, die ich damals erlebt habe.

Kopf und Schulter sind auf diesem Bild aber in eigentümlichen Farben dargestellt. Beide leuchten in Orangetönen mit gelben Flecken. Mich erinnert diese Farbgebung nicht an die Hautfarbe eines Menschen, auch nicht an die ungesunde Gesichtsfärbung im Austrocknungsprozess. Mich erinnert diese Darstellung vielmehr an die Farbwiedergabe von Infrarotaufnahmen. Dabei werden ja Fotos gemacht, die nicht das Sichtbare in den erkennbaren Farben darstellen, sondern die Temperaturen in Farbwerte übersetzen. Da kann man dann sehen, welche Körperteile wie warm, wie durchblutet sind oder auch, welche Partien überhitzt sind. So lässt dann die Farbgebung des Menschen auf dem Bild von Inge Heinicke-Baldauf erkennen, dass hier Gesicht und Oberkörper – abgesehen von wenigen leicht kühleren Flecken – sehr warm sind, gewissermaßen glühen, vielleicht sogar zu heiß sind. Allein die Haare oder das Tuch sind etwas kühler.

Durst trotz Wasser

Natürlich kennen wir auch alle einen Durst, der nichts mit Wasser oder Getränken zu tun hat, der nicht durch körperliches Trinken gestillt werden kann. Dieser Durst kann aber genauso quälend wie der körperliche sein. Und er kann genauso wie der andere zu schweren Beeinträchtigungen und schließlich zum Tod durch Verdursten führen.

Immer wieder erleben wir, dass Menschen nach Leben oder Liebe dürsten, nach Frieden und Gerechtigkeit und auch nach Erfüllung und Religion. Immer wieder werden wir selbst angesichts der Defizite unserer Welt von solchem Durst erfasst. Dann sehnen wir uns danach, das Leben in vollen Zügen zu genießen und von der Liebe trunken zu werden. Dann sehnen wir uns danach, dass Frieden und Gerechtigkeit diesen Durst stillen. Angesichts der täglichen Nachrichten von Verfolgung und Flucht, von Krieg und Terrorismus bleibt dieser Durst wohl bestehen. Er kann in dieser Welt, in unserer Zeit nicht gestillt werden.

Es hat wohl kaum eine Zeit gegeben, in der so wenige Menschen sich zu Christus halten und zugleich so viele Meditationen und Angebote aus allen möglichen Religionen wahrnehmen wie heute. Stets durstig nach Glauben, suchen sie wie Verdurstende nach der Quelle des Lebens und trinken doch nur, was noch mehr Durst macht.

Nun sehe ich in der weiblichen Gestalt auf dem Bild noch eine ganz andere Frau: die samaritische Frau, die Jesus am Jakobsbrunnen bei Sychar trifft (Joh 4,1-42). Sie ist die Frau, von der die Bibel eindrücklich erzählt, dass sie in jeder Hinsicht durstig ist.

Zum ersten ist sie ganz vordergründig und körperlich durstig. Sie geht schließlich mit ihrem Krug in der Mittagshitze zum Brunnen, um sich Wasser zu holen. Das wird sie nur getan haben, weil es in dem Augenblick für sie notwendig war, sonst hätte auch sie eine kühlere Tageszeit gewählt. Zum zweiten ist sie durstig nach Liebe und Geborgenheit. Die Feststellung Jesu, »Fünf Männer hast du gehabt, und der, den du jetzt hast, ist nicht dein Mann« (Joh 4,18), führt es uns vor Augen, wie groß und wie ungestillt der Durst dieser Frau ist. Sie droht geradezu, durch ihren Durst unterzugehen. Sie droht, an diesem Mangel an erfüllter Liebe zu verdursten. Und zum dritten ist sie durstig nach Gott und Glauben, vor allem nach der Wahrheit des Glaubens. Auch da hat sie großes Verlangen, sodass die Fragen aus ihr herauspurzeln. Man spürt ihre ehrliche und intensive Suche nach Antworten. Sie leidet unter diesem Durst und will ihn gestillt haben.

Diese Frau und ihren so vielfachen Durst sehe ich auf dem Bild. Sie hat ihren überhitzten Kopf dem Wasser entgegengestreckt. Sie hat die Hand erhoben, um das Wasser, das Jesus ihr verheißen hat, aufzufangen und zu trinken. »Herr, gib mir dieses Wasser, damit mich nicht dürstet!« (Joh 4,15). Sie will von Jesus trinken und durch ihn ihren Durst stillen.

Das Wasser

»Wasser ist das Beste! Das hat schon der Professor immer gesagt.« Mit diesem Satz bin ich groß geworden. Meine Mutter hat ihn gerne zitiert, wenn wir Kinder etwas anderes, natürlich Süßes trinken wollten. Sie hat uns damit das Wasser, das bei uns meist einfach aus dem Wasserhahn kam, empfohlen und schmackhaft gemacht.

Ich mag so fünfzehn Jahre alt gewesen sein, als ich die Quelle dieses Satzes entdeckte, da ich die alten Jugendbücher, genauer Abenteuerromane, meiner Mutter las, die auch schon ihrem Vater gehört hatten. In einem der Bücher entdeckte ich die Schilderung eines Schiffbrüchigen, der auf einem Wrack unter glühender Sonne auf dem Ozean trieb. Als dieser kurz vor dem Verdursten gerettet wird und trinkbares Wasser bekommt, sagt er eben diesen Satz: »Wasser ist das Beste! Das hat schon der Professor immer gesagt.« Vielleicht war dieser Satz für meine Mutter und mich so eindrücklich, weil in dieser Situation so viele Aspekte des Wassers stecken: Da erlitt einer Schiffbruch und wäre fast ertrunken, um dann, umgeben von ungenießbarem Salzwasser, fast zu verdursten und schließlich mit Trinkwasser gerettet zu werden. »Wasser ist das Beste!« Wer wollte dem, trotz all der negativen Erfahrungen mit diesem kraftvollen Element, widersprechen?

Wasser ist, die Bibel macht es schon im zweiten Schöpfungsbericht deutlich, Lebenskraft. Ohne Wasser wächst nichts, so wird es da festgestellt. Und ohne Wasser könnte kein Mensch leben. Es lässt unser Blut fließen und treibt unser Gehirn an. Unser Körper besteht zu fünfzig bis siebzig Prozent aus Wasser und kann dennoch dieses lebenswichtige Elixier nicht speichern. Wir müssen ständig für Nachschub sorgen. Rund zwei Liter davon sollte man täglich trinken. Je nach Alter, Gewicht und Lebensweise und -situation kann das auch mehr oder sogar viel mehr sein.

Als das Volk Israel mit Mose durch die Wüste zog, um aus der Gefangenschaft ins gelobte Land zu gelangen, hatten sie Durst. Ihnen fehlte Wasser, um sich am Leben zu erhalten. Und dieser Durst ließ sie murren und sich gegen Mose wenden, sodass dieser sogar Angst hatte, gesteinigt zu werden. Aber Gott hatte ein Einsehen und Erbarmen. Er beauftragte Mose, mit seinem Stab an den Felsen des Berges Horeb zu schlagen, damit frisches, lebendiges Wasser herausquillt, damit da Wasser aus einer neuen Quelle hervorfließt (2. Mo 17,1-7).

Vielleicht ist diese Frau auf dem Bild von Inge Heinicke-Baldauf Miriam oder eine der Israelitinnen. Sie ist dann die, die als erste trinken darf und kann. Ganz frisch quillt das Wasser heraus. Lebendig fließt es aus dem Felsen und ergießt sich in die Hand der Wartenden. Ein reicher Strahl ist zu sehen. Mehr, als diese Eine trinken kann und muss, um ihren Durst zu stillen. Hier ist Wasser in Fülle. Und es ist kein abgestandenes, trübes oder verschmutztes Wasser, wie es sich in so vielen Brunnen und Zisternen befindet. Hier fließt, man erkennt es an der strahlend blauen Farbe, frisches, lebendiges Wasser, kühles erfrischendes Nass aus einer neuen Quelle. Hier dürfen die durstigen Israeliten trinken und ihren Durst stillen.

Das Wasser des Lebens

Die gerade bedachte Geschichte macht schon deutlich, dass es bei der Frage nach dem Wasser in der Bibel oft nicht nur um das Trinken geht, sondern ums Überleben, ja um das Leben schlechthin. Deswegen murrten die Israeliten ja auch nicht nur gegen Mose, der sie aus Ägypten, wo es trotz der Gefangenschaft genug zu trinken gab, in die trockene Wüste geführt hat, sondern gegen Gott, in dessen Namen Mose handelte. Mit ihrem Murren klagen sie bei Gott gewissermaßen ihr Recht auf Leben ein. Es dürstet sie ganz körperlich, aber auch im übertragenen Sinne. Sie dürsten nach Leben.

Dabei ist die Bibel sicher, dass Gott auch die Quelle hat oder ist, die diesen übertragenen Durst stillt. Rufen wir uns zum Beispiel den 36. Psalm in Erinnerung, der in der Lutherrevision 2017 nun die Überschrift »Die Quelle des Lebens« bekommen hat. Dieser Psalm singt ab Vers 6 von der Gnade Gottes, von dem Reichtum seiner Zuwendung an die Menschen, und er gipfelt in den Worten: »Wie köstlich ist deine Güte, Gott, dass Menschenkinder unter dem Schatten deiner Flügel Zuflucht haben! Sie werden satt von den reichen Gütern deines Hauses, und du tränkst sie mit Wonne wie mit einem Strom. Denn bei dir ist die Quelle des Lebens.«

Besonders deutlich wird das für uns in der schon bedachten Erzählung von der Frau aus Samarien und Jesus. Als sie sich am Jakobsbrunnen bei Sychar treffen, entspinnt sich zwischen Jesus und ihr ein interessanter und hoch aufschlussreicher Dialog. Jesus bittet, dass sie ihm zu trinken gibt. Und als sie ihr Erstaunen formuliert, dass er als Jude eine samaritische Frau anspricht und bittet, entgegnet er: »Wenn du erkenntest die Gabe Gottes und wer der ist, der zu dir sagt: Gib mir zu trinken!, du bätest ihn, und er gäbe dir lebendiges Wasser« (Joh 4, 10). Natürlich führt das zu einem Missverständnis, denn diese Frau hatte wohl kaum den Psalm oder andere alttestamentliche Bibelstellen im Kopf, sondern sieht vor ihrem inneren Augen eine frische Quelle. Sie sieht sich trinken, so wie es auf dem Bild von Inge Heinicke-Baldauf dargestellt ist. Aber davon spricht Jesus nicht, sondern von der Quelle des Lebens, vom lebendigen Wasser, das den übertragenen Durst zu stillen vermag. Im weiteren Dialog gibt es natürlich noch mehr Missverständnisse. Die samaritische Frau will ihren Durst löschen und nie wieder Durst haben. Sie diskutiert mit Jesus die Notwendigkeit, Wasser zu holen, genauso wie die Frage, wo und wie Gott angebetet werden kann. Und schließlich offenbart sich Jesus ihr als der erwartete Messias. Interessanterweise ist in dieser Erzählung bisher kein Wasser getrunken, ja nicht einmal geschöpft worden. Der übertragene Durst war stärker als der körperliche. Und jetzt, da der übertragene Durst gestillt wird, bleibt der Krug einfach am Brunnen stehen. Die Frau läuft in ihre Stadt zurück und wird zur Verkünderin des Evangeliums. Sie wird zur Quelle des Wassers, das sie durch ihren Glauben von Jesus bekommen hat. Sie wird es so, wie Jesus es ihr angekündigt hatte: »Das Wasser, das ich ihm geben werde, das wird in ihm eine Quelle des Wassers werden, das in das ewige Leben quillt« (Joh 4,14). Die samaritische Frau wird also zu einer, die ihren Durst nach Leben und

Glauben stillt und durch die auch andere ihren Durst nach Gott stillen können. Auf dem Bild von Inge Heinicke-Baldauf findet sie sich also auf der rechten Seite und zugleich auf der linken Seite wieder. Sie trinkt und wird zur Quelle.

Unser Durst und unsere Quelle

Wir sind heute nicht mehr mit Mose in der Wüste unterwegs. Wir trinken nicht von dem Wasser, das aus dem Felsen herausfließt. Wir treffen heute nicht mehr am Brunnen vor der Stadt den leibhaftigen Jesus. In unserer mitteleuropäischen Lebenssituation haben wir selten wirklich existenziellen körperlichen Durst, da wir, im Gegensatz zu vielen anderen Orten dieser Welt, immer genügend sauberes Trinkwasser sowohl aus Flaschen als auch aus dem Wasserhahn haben. Und doch können wir das Gefühl des herrlichen Trinkens, das sich im Bild widerspiegelt, gut nachvollziehen. Jede und jeder kennt wohl das erfrischende Gefühl, wenn man auf einer Sommerwanderung erhitzt und verschwitzt zu einer frischen Quelle kommt. Jede und jeder weiß doch, wie wohltuend dann das Trinken von diesem frischen, lebendigen Wasser ist. Und jede und jeder hat erfahren, wie viel Kraft einem von diesem frischen, lebendigen Wasser zufließen kann.

Aber der Durst im übertragenen Sinne ist nach wie vor allgegenwärtig. Menschen dürsten zu allen Zeiten und an allen Orten dieser Welt nach Leben und Liebe, nach Frieden und Gerechtigkeit, nach Erfüllung und Glauben. Viele Nachrichten, die uns per Internet, Fernsehen oder Zeitung erreichen, bewirken diesen Durst genauso wie unsere ganz persönliche Situation. Wir sind erhitzt und manchmal überhitzt von den Bedingungen dieser Welt und unseres Lebens. Wir müssen Krankheit und Sterben, Krieg und Terrorismus, Umweltzerstörung und Naturkatastrophen und vieles mehr aushalten. Das trocknet uns gewissermaßen aus. Die Bedingungen dieser Welt lassen Menschen den übertragenen Durst erleiden, es mag so viel Trinkwasser da sein, wie es will.

Ihnen allen eröffnet sich eine Quelle lebendigen Wassers durch Gott selbst. In der Vision der Offenbarung des Johannes wird dieses lebendige Wasser, wird diese Quelle in wunderbaren Sprachbildern beschrieben. Gerade im 21. Kapitel führt uns der Seher die neue Schöpfung vor Augen. Dass Gott bei den Menschen wohnen wird, heißt es da, und dass er alle Tränen abwischen wird. Krankheit und Tod, Leiden und Geschrei werden dann nicht mehr sein. Alles, was unser Leben schwer macht, alles, was uns jetzt bedrückt, alles, was uns jetzt durstig macht, wird dann nicht mehr sein. Dann wird ein großer Friede zwischen den Menschen und in den Menschen sein. Dann wird es uns an nichts zum Wohlbefinden fehlen. So beschreibt es die Vision des Sehers, und schon diese Beschreibung ist wie eine Quelle frischen, lebendigen Wassers an heißen, staubigen Tagen.

Nach dieser Darstellung berichtet der Seher, dass der, der auf dem Thron sitzt, sich erneut als der Anfang und das Ende vorstellt, also der ist, der von Ewigkeit zu Ewigkeit ist. Und genau dieser, eben Gott selbst, kündigt an, was zur Losung für das Jahr 2018 geworden ist: »Ich will dem Durstigen geben von der Quelle des lebendigen Wassers umsonst.«

Die Vision des Sehers spiegelt die neue Welt am Ende der Zeit. Aber unseren Durst haben wir jetzt in unserer Zeit, in unserer Welt. So wie Mose Gott vertraut hat und dadurch die Israeliten das Wasser der Felsenquelle geschenkt bekamen, so wie die samaritische Frau Jesus als den verheißenen Messias erkannt und ihm geglaubt hat und dadurch ihr Durst gestillt wurde, können auch wir jetzt schon im Glauben trinken von der Quelle des lebendigen Wassers, die uns für die Ewigkeit verheißen ist. Der Glaube an Jesus Christus öffnet uns den Zugang zu dieser Quelle. Der Glaube an Jesus Christus stärkt uns für den Weg durch das Hier und Jetzt.

So sehe ich uns alle in diesem Bild von Inge Heinicke-Baldauf. Wir sind erhitzt und vielleicht überhitzt von den Bedingungen dieser Welt. Wir sind durstig. Aber da ist eine frische Quelle lebendigen Wassers. Wir dürfen trinken und uns erfrischen. Wir dürfen uns stärken lassen für den Weg durch das Jahr 2018, für die Wege, die vor uns liegen.

Gott spricht: »Ich will dem Durstigen geben von der Quelle des lebendigen Wassers umsonst.«

THEMATISCHE ANKNÜPFUNGEN

Die Offenbarung – (k)ein Buch mit sieben Siegeln?

Oliver Cremer

Offenbarung …

Das Wort *Offenbarung* (auf Griechisch *apokalypsis*; daher unser Fremdwort *Apokalypse*) meint zunächst ganz wörtlich verstanden die *Enthüllung von etwas Verborgenem*. Das können Dinge, Personen oder Sachverhalte sein. Im Blick auf die Johannesoffenbarung mutet diese Überschrift fast als Widerspruch an, denn für viele Christen ist sie das schwierigste Buch des Neuen Testaments, das mit sieben Siegeln verschlossen ist. Und diese rätselhafte Schrift will ihrem Selbstverständnis nach eine Enthüllung sein?

Bildlich ausgedrückt bedeutet Offenbarung: Der Vorhang wird geöffnet, etwas Verborgenes wird aufgedeckt oder ein Tuch wird von einem Bild entfernt. Genau das soll sich bei den Leserinnen und Lesern der Offenbarung einstellen. Zumindest die Wirkungsgeschichte der Johannesoffenbarung gibt ihrem Anspruch als Enthüllungsschrift recht: Malern, Bildhauern, Architekten, Autoren oder Dichtern wurde durch die Lektüre der Offenbarung etwas enthüllt, dem sie auf ihre Weise einen neuen Ausdruck verliehen haben. So kennen wir aus Architektur und Kunst bereits ab dem vierten Jahrhundert Motive, Szenen und Symbole, die von der Offenbarung des Johannes inspiriert wurden.

... Jesu Christi ...

Die »Offenbarung *des Johannes*« – so die gängige Überschrift in unseren Bibelausgaben und im allgemeinen Sprachgebrauch – ist nach ihren ersten Worten eigentlich die »Offenbarung *Jesu Christi*« (1,1). Darin kommt auf der einen Seite der hohe Anspruch dieser biblischen Schrift zum Ausdruck, dass der Auferstandene selbst der Urheber der Worte ist (vgl. dazu im sprachlich und inhaltlich eng verbundenen Schlussteil: 22,6-7.18-19). Auf der anderen Seite umreißt diese Wendung auch das theologische Programm der Johannesoffenbarung. Christus enthüllt dem Verfasser der Schrift, »was in Kürze geschehen soll« (1,1), und zeigt sich ihm selbst in überwältigender Weise (1,13-17a). Durch diese Brille ist also alles Weitere zu lesen: Es kommt von Jesus selbst und enthüllt zugleich etwas über ihn. Dies wird bestätigt dadurch, dass sowohl weite Teile der Offenbarung als Ich-Rede Jesu gestaltet sind (1,17b-3,22) als auch dadurch, dass Jesus im Mittelpunkt wichtiger Visionen steht (5,1-14; 14,1; 19,11-16; 21,1-22,5).

Matthias Gerung: Ottheinrich-Bibel, um 1530. Christus zeigt sich Johannes so überwältigend, dass er wie tot zu Boden fällt. Fast alle Kennzeichen Christi aus der Eingangsvision (1,12-16) finden sich im Kunstwerk wieder (Wikimedia).

... gesandt zu Johannes

Bei allem Anspruch über die Herkunft direkt von Christus bedarf es freilich eines menschlichen Boten, der hört, sieht und aufschreibt, was ihm offenbart wurde. Dieser Bote ist Johannes (1,1.4.9; 22,8), er erhält von Jesus selbst seinen Auftrag (1,11.19). Johannes versteht sich – wenn auch nur sehr zurückhaltend formuliert – als Prophet (22,9). Sein Selbstverständnis wird aber besser durch die Bezeichnung »Seher« erfasst. Dies ist dabei ganz wörtlich zu verstehen:

jemand, der etwas gesehen hat oder dem eine Vision geschenkt wurde (1,2.11; 4,1; 22,8).

Können wir Johannes noch konkreter fassen? Sein Name bedeutet auf Hebräisch »der Herr ist gnädig«. Das könnte neben seiner Vertrautheit mit dem Tempelkult in Jerusalem (8,3-4; 11,1f.19), dem wiederholten Fokus seiner Visionen auf Orte oder Stätten in Palästina (3,12; 11,1f.8; 16,16; 20,9; 21,2.10) sowie seinen Spracheigentümlichkeiten, die nahelegen, dass Aramäisch seine Muttersprache war, auf eine Herkunft aus Palästina deuten. Dafür spricht auch, dass er seine Botschaft durchgängig mit Worten, Sätzen und Bildern des Alten Testaments formuliert. Er nutzt dabei sowohl die griechische als auch die hebräische Fassung der heiligen Schriften Israels. In keinem anderen neutestamentlichen Buch gibt es so viele Anspielungen auf das Alte Testament wie in der Offenbarung des Johannes. Vielleicht zwangen ihn der jüdische Aufstand oder die vorausgehenden Ereignisse zum Verlassen seiner Heimat (vgl. Apg 8,1b; 11,19).

Ist er mit einem der im Neuen Testament oder in den alten kirchlichen Schriften erwähnten Träger des Namens Johannes identisch? Lange Zeit wurde er mit dem Evangelisten Johannes oder dem beim Kirchenvater Papias (um 120 n. Chr.) erwähnten Presbyter Johannes identifiziert. In der Offenbarung selbst finden wir keinen Hinweis zugunsten einer solchen Identifizierung. Daher ist es die wahrscheinlichste Annahme, dass der Verfasser ein uns sonst unbekannter christlicher Prophet bzw. Seher mit Namen Johannes ist. Die Beiläufigkeit, mit der der Name Johannes ohne eine nähere Bestimmung erwähnt wird, spricht stark dafür, dass dies der tatsächliche Name des Verfassers ist.

Nur wenig mehr wissen wir von Johannes: Er war auf Patmos, einer etwa 34 Quadratkilometer kleinen Insel in der Ost-Ägäis. Dort empfing er seine Enthüllung und schrieb sie wahrscheinlich auch dort nieder. Ob er nach Patmos verbannt wurde (so viele Bibelausleger), als Missionar dorthin reiste oder hier in der Abgeschiedenheit Gottes Wort empfangen wollte, bleibt nach dem Wortlaut in 1,9-10 offen.

Was die Entstehungszeit angeht, sprechen die meisten Argumente für die schon beim Kirchenvater Irenäus im zweiten Jahrhundert (Gegen die Häresien V. 30, 3) bezeugte Datierung auf das Ende der Regierungszeit des römischen Kaisers Domitian (81-96 n. Chr.). Auch wenn eine allgemeine Christenverfolgung unter seiner Herrschaft aus heutiger Sicht unwahrscheinlich erscheint, lässt sich die Opposition der Offenbarung gegenüber dem Kaiserkult gut vor dem Hintergrund einer Steigerung der Kaiserverehrung unter Domitian verstehen.

Jacopo Vignali: Johannes auf Patmos, 17. Jh. Der Verfasser der Offenbarung ist hier der schon greise Evangelist Johannes. Der Adler als sein Symbol unterstreicht dies. Im Hintergrund lässt sich das Meer erahnen (Wikimedia).

An die sieben Gemeinden in der Provinz Asia

Johannes empfängt die Offenbarung nicht für sich selbst. Er erhält direkt zu Beginn den Auftrag, das Geschaute und Gehörte aufzuschreiben und an sieben Gemeinden der römischen Provinz Asia, im Westen der heutigen Türkei, zu senden (1,4.11). Diese Gemeinden sind ihm gut bekannt und in ihnen ist er als Prophet anerkannt. Daher kann er in den sogenannten Sendschreiben (2,1–3,22) sowohl auf aktuelle als auch auf längerfristige Prozesse dort eingehen. Dies ist nur denkbar, wenn er die Gemeinden regelmäßig besucht hat oder – falls ihm dies in jüngerer Zeit nicht möglich war – über Boten mit ihnen in Kontakt stand. Seine Besuche brachten dem Seher nicht nur ein hohes Ansehen in den Gemeinden, sondern vermittelten ihm auch eine gute Kenntnis der besuchten Städte. Daher wird er um das soziale, kulturelle und religiöse Leben der Städte genauso wie um Gebäude, öffentliche Inschriften, Statuen und Denkmäler der Städte wissen.

Warum schreibt er an *sieben* Gemeinden? Die Zahl Sieben ist für Johannes ein wichtiges Symbol für Vollständigkeit und Fülle. Daher schreibt er an sieben Gemeinden, hat aber mit seiner Schrift die ganze Kirche im Blick (vgl. die sogenannten Weckrufe in 2,7.11.17.29; 3,6.13.22 sowie 2,23; 13,9; 22,16). Wie bei den Paulusbriefen (vgl. Kol 4,16) soll auch seine Schrift über die Erstadressaten hinaus weitergegeben und in den Gemeindeversammlungen verlesen werden (1,3). So gelten allen Hörerinnen und Hörern Verheißung und Mahnung, Lob und Tadel des erhöhten Christus.

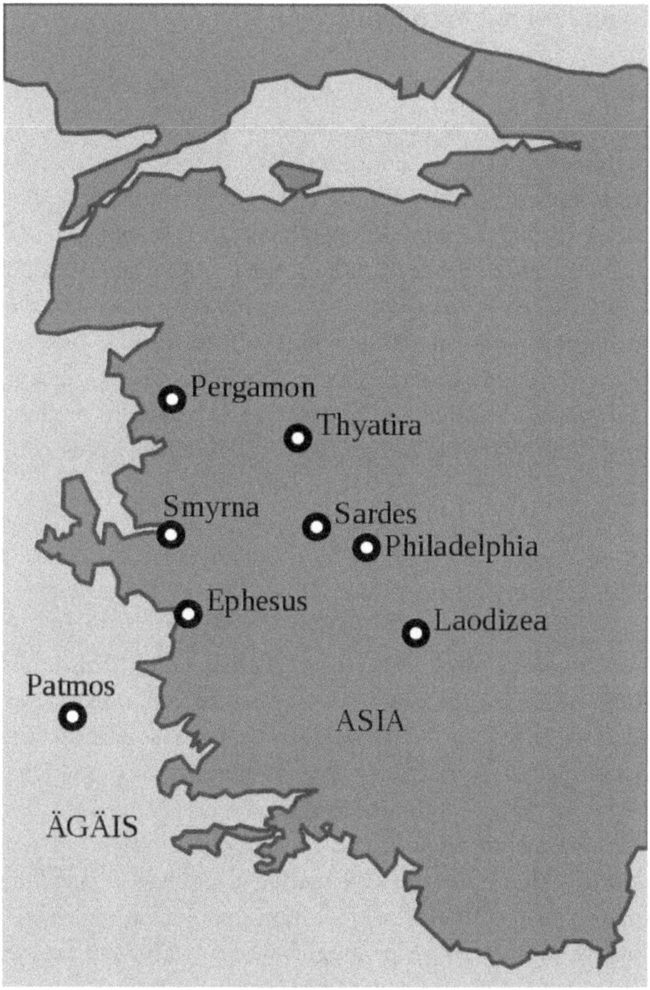

Die sieben Gemeinden (Wikimedia).

Gnade sei mit euch und Friede

Beginnend beim Gruß (1,4) bis hin zum wohl umfassendsten Segenswunsch der Bibel am Ende (22,21) lässt sich eine der beiden Hauptintentionen der Offenbarung festmachen. Sie wünscht den Empfängern Gnade und Friede. Biblisch verstanden meint dies: Gott soll mit Wohlgefallen auf die Gemeinden blicken und ihnen allumfassenden Frieden schenken. So will sie eine Trostschrift sein, das heißt die Adressaten in ihrem geduldigen Glauben stärken, in ihrer erlebten Bedrängnis trösten und in ihrer Hoffnung auf Gottes kommendes Reich ermutigen. Johannes versteht sich dabei selbst als Mitgenosse an den Leidenserfahrungen und Hoffnungen der Gemeinden (1,9).

Bedrängnis und Geduld

Bedrängnisse erlebt Johannes und erleben die Christen in Kleinasien (1,9). Zum einen kommen sie von außen. Hier sind vor allem die Verlockungen und der soziale Druck durch die Verehrung des Kaisers zu nennen. Gerade Kleinasien war eine Hochburg der Kaiserverehrung. Und das aus einem einfachen Grund: Es ging den meisten Städten wirtschaftlich sehr gut. Weitgehende politische Stabilität und Frieden sorgten für einen florierenden Handel. Viele Bauvorhaben geben ein Zeugnis davon. Dafür wurde vor allem der Kaiser als gottgleicher Herrscher und Wohltäter verantwortlich gemacht und entsprechend verehrt. Diese Verehrung fand sowohl im öffentlichen Leben durch das

Errichten und Unterhalten von Tempeln sowie regelmäßige Prozessionen und Feste statt als auch im privaten Leben durch Hausaltäre und Opferdarbringungen. Oft vermischte sich diese Kaiserverehrung mit der Verehrung der örtlichen Gottheiten. Beides ist für Johannes unvereinbar mit dem Glauben an den einen Gott und seinen Sohn Jesus Christus (9,20; 13,8; 14,9-11).

Bedrängnis entsteht für die Christen nun auf zwei unterschiedliche Arten. Auf der einen Seite durch die Verlockung, am »normalen« öffentlichen Leben teilzunehmen, sei es in Vereinen oder Gilden, auf Festen oder bei Prozessionen, im Theater, bei Sportveranstaltungen oder schlicht beim Einkaufen der Fleischspeisen – all diese Lebensbereiche hatten einen Bezug zur Götter- oder Kaiserverehrung. Auf der anderen Seite sieht Johannes als wacher Zeitzeuge den wachsenden Zwang zur Kaiserverehrung. Denn wenn der Kaiser in Rom das einende und verbindende Moment im ganzen römischen Reich ist, dann wird der Staat dessen Verehrung als Ausdruck der Staatstreue einfordern. Der Seher befürchtet, dass dieser Druck weiter wachsen wird: Christen werden vom wirtschaftlichen Leben ausgeschlossen (13,16-17), verhaftet oder gar getötet werden (13,10), weil sie sich der Kaiserverehrung verweigern. Erste lokale Ausgrenzungen und Verhaftungen (2,10), ja sogar einen ersten Glaubenszeugen, der für seine christliche Überzeugung getötet wurde (2,13), nennt Johannes.

Zum anderen stehen manche Gemeinden vor inneren Zerreißproben. Unterschiedliche Auffassungen darüber, wie Christen zu leben haben (2,14b.20b) oder welche Lehre in ihnen verbindlich ist (2,15.24), sorgen für Spannungen oder gar Spaltungen in den Gemeinden (2,2-3). Johannes vertritt hier eine sehr strenge Ethik und sieht in manchen Kompromissen einen Abfall vom christlichen Glauben.

Daher ermutigt der Seher die Gemeinden, diesen Bedrängnissen mit Geduld und Standhaftigkeit zu begegnen. Wer den äußeren Druck und die inneren Verlockungen überwindet, der wird die Ewigkeit mit Gott und seinem Christus in Gemeinschaft verbringen – so seine Botschaft am Ende eines jeden Sendschreibens (2,7.11.17.26-28; 3,5.12.21).

Die Königsherrschaft

Johannes ist nicht nur durch Bedrängnisse und Geduld mit seinen Adressaten verbunden, sondern auch durch die gemeinsame Hoffnung auf Gottes kommendes Reich, auf seine Königsherrschaft (1,9). Diese Königsherrschaft muss auf der einen Seite von jemandem durchgesetzt werden, auf der anderen Seite ist sie stets angefochten und wird bekämpft.

Jesus Christus ist für Johannes die zentrale Figur, die Gottes Herrschaft durchsetzen und vollenden wird. Durch seinen Opfertod als Lamm Gottes hat er Menschen aus allen Völkern erlöst und ihnen die Teilhabe am Reich Gottes ermöglicht (5,5-10). Er sitzt mit Gott dem Vater auf einem Thron (3,21) und wird gleich wie er von der ganzen Schöpfung angebetet (5,13-14). An diesem immerwährenden himmlischen Gottesdienst nehmen die christlichen Gemeinden auf Erden teil, indem sie in die himmlischen Lieder einstimmen. In der Abendmahlsliturgie geschieht das im »Heilig, heilig, heilig« in vielen Gemeinden bis heute.

Bamberger Apokalypse, um 1010. Christus thront mit einer Buchrolle auf einem mit Edelsteinen geschmückten Regenbogen (4,3). Umgeben ist er von vier Wesen (4,6-8), die seit der Alten Kirche als Evangelistensymbole gedeutet werden. Daher sind ihnen hier Bücher bzw. Schriftrollen zugeordnet. Unten die Ältesten mit goldenen Kronen (4,4) und Füllhörnern (Wikimedia).

Gottes Herrschaft wird sich bald durchsetzen (1,1.3; 22,6.10.12). Dann wird Gerechtigkeit und Trost denen widerfahren, die unter den Herrschern dieser Welt gelitten haben (6,9-11; 7,14-17; 21,4). Denn Gott wird die Verhältnisse von Grund auf zum Guten wandeln (21,5). Dadurch droht den politisch und wirtschaftlich Mächtigen dieser Welt (18,3) das Ende, da sie den einen Gott und seinen Christus nicht verehrten, sondern selbst göttliche Verehrung einforderten (Kap. 13). Auch wenn die Herrscher der Welt im Verbund mit Satan gegen Gott, seinen Christus und ihre Nachfolger bis zuletzt kämpfen (20,7-10) – für Johannes ist der Kampf schon entschieden: Gottes Herrschaft wird sich trotz der gegenwärtigen Ohnmachtserfahrungen der Christen durchsetzen. Er selbst wird mit Christus und den Engeln dafür sorgen (12,7-9; 19,11-16).

Gottes Reich wird aus dem Himmel in Gestalt des neuen Jerusalems auf die neue Erde herabkommen. Mit lebendigen Bildern, die auch heute noch viele Menschen ansprechen, schildert Johannes Gottes Königsherrschaft. Neben der perfekten Stadt in Kubusform (21,16) aus Gold und Edelsteinen (21,11.18-21), dem Abwischen der Tränen durch Gott persönlich (21,4) und dem himmlischen Hochzeitsfest (19,7; 21,2.9) gehört zu diesem Bilderschatz auch die Quelle des lebendigen Wassers, die allen Durst stillen wird (21,6; 22,17).

Facundus-Beatus, 1047. Beim Thron Gottes und des Lammes entspringt aus der Quelle lebendigen Wassers (21,6) ein Strom lebendigen Wassers (22,1). Auf beiden Seiten des Stromes befinden sich Bäume des Lebens (22,2). Unten rechts steht der Seher auf einem hohen Berg und bekommt von einem Engel die heilige Stadt gezeigt (21,10) (Wikimedia).

Wasser – ein besonderer Rohstoff

Julia Steinbacher

»Du hast weder Geschmack noch Farbe noch Aroma. Man kann dich nicht beschreiben. Man schmeckt dich, ohne dich zu kennen. Es ist nicht so, dass man dich zum Leben braucht: Du bist das Leben!«
Antoine de Saint-Exupéry

»Alles ist aus dem Wasser entsprungen, alles wird durch Wasser erhalten.«
Johann Wolfgang von Goethe

Wasser ist so allgegenwärtig, dass man häufig seine wahrhaft außergewöhnlichen Eigenschaften übersieht. Als Flüssigkeit ist es durchsichtig und weitgehend farb-, geruch- und geschmacklos. In der Natur kommt Wasser selten rein vor, sondern enthält meist gelöste Anteile von Salzen, Gasen und organischen Verbindungen. Das Wort »Wasser« leitet sich vom althochdeutschen *wazzar*, »das Fließende«, »das Feuchte« ab. Die indogermanische Bezeichnung ist bereits in hethitischen Texten des zweiten und dritten Jahrhunderts vor Christus belegt.

Das blaue Gold

- Wasser wurde bei den frühen Philosophen zu den vier Urelementen gezählt und in der vor allem von Aristoteles vertretenen Vier-Elemente-Lehre neben Feuer, Luft und Erde als Element angesehen. Thales von Milet sah im Wasser sogar den Urstoff des Seins.
- Nach Sauerstoff ist Wasser die Substanz, die der Mensch am meisten braucht und der er am wenigsten misstraut.
- Wassermoleküle ziehen sich gegenseitig wie kleine Magneten (elektrische Dipole) an und sind zudem über sogenannte Wasserstoffbrücken miteinander verknüpft.
- Wasser selbst ist ein dynamisches System, in dem ein einzelnes Wassermolekül (H_2O) nur für kurze Zeit existiert, da es zu einem ständigen Protonenaustausch untereinander kommt.
- Selbst reinstes Wasser leitet in geringem Maße elektrischen Strom.
- Wasser zieht sich beim Abkühlen bis 4° C zusammen und dehnt sich dann beim weiteren Abkühlen wieder aus, sodass Eis auf Wasser schwimmt. Seen frieren deshalb von oben nach unten zu, dies führt auch zur Sprengwirkung bei Verwitterung.
- Skifahren und Schlittschuhlaufen können wir nur, weil Eiskristalle ein 10 Prozent größeres Volumen als flüssiges Wasser haben. Durch den Druck auf den Schnee bzw. das Eis entsteht ein dünner Wasserfilm, der das Gleiten überhaupt erst ermöglicht.
- Wasser ist als einzige chemische Verbindung auf der Erde gleichzeitig in den drei Zustandsformen fest (Eis),

flüssig (Wasser) und gasförmig (Wasserdampf) anzutreffen. Etwa 98 Prozent liegen als Wasser, 2 Prozent als Eis und 0,001 Prozent als Wasserdampf vor. In flüssiger Form wurde Wasser bisher nur auf der Erde nachgewiesen. Neueste Untersuchungen gehen sogar davon aus, dass Wasser in noch weiteren Aggregatzuständen vorkommt.

- Eine durchschnittliche Gewitterwolke besteht aus etwa 2.1 Millionen Tonnen Wassertröpfchen. Allerdings gibt sie nur etwa 10 Prozent ihres riesigen Wassergehalts als Regen an die Erde zurück. Der Rest verschwindet als Wasserdampf in der Atmosphäre.
- Wasser gibt es scheinbar unbegrenzt. Die Erdoberfläche ist zu 72 Prozent mit Wasser bedeckt. Der Wasservorrat umfasst fast 1.4 Millionen Kubikkilometer. Davon sind allerdings 97 Prozent Meerwasser und lediglich 3 Prozent Süßwasser.
- Etwa 70 Prozent des Süßwassers, das heißt 24 Millionen Kubikmeter, sind als Eis und Schnee im Inlandeis der Pole, in den Gletschern, Eishöhlen und in den Dauerfrostböden gebunden. Sie sind damit nach den Ozeanen die zweitgrößten Wasserspeicher und mit weitem Abstand die größten Süßwasserspeicher der Erde. Als Trinkwasser stehen uns nach Schätzungen nur zwischen 0,01 und 0,3 Prozent des Süßwassers zur Verfügung. Dennoch reicht diese Menge theoretisch aus, um die gesamte Weltbevölkerung zu versorgen. Jedoch ist dieses Wasser räumlich und zeitlich ungleich verteilt.
- Ein Drittel der Weltbevölkerung ist vom Gletscherwasser abhängig. Die Himalayagletscher versorgen bei-

spielsweise die sieben größten Flüsse Asiens und damit zwei Milliarden Menschen mit Wasser. Die Alpen sind Europas wichtigstes Süßwasserreservoir. Allein das Abschmelzen des Tiroler Gletschers Vernagtferner (etwa 110 Millionen Kubikmeter Wasser) in den letzten 20 Jahren entsprach dem Wasserverbrauch des Rheinlands um Köln und Düsseldorf eines Jahres.

- Unser Klima ist ohne Wasser als Energiespeicher und Energietransportsystem undenkbar. Wasser durchläuft einen globalen Kreislauf, bei dem es sich um eine riesige, von der Sonne angetriebene Destillationsanlage handelt. So werden jährlich etwa 425.000 Kubikkilometer Wasser in die Atmosphäre abgegeben. Bei der Meerwasserverdunstung entstehen Wolken aus reinem Wasser, die mit Hilfe von Winden über die Kontinente ziehen. In Form von Regen, Hagel und Schnee bringen sie uns das notwendige Süßwasser. Der Niederschlag reichert sich dann beim Ablaufen von der Erde wieder mit Salzen an und gelangt schließlich über Seen und Flüsse wieder ins Meer. Dazwischen durchläuft das Wasser die unterschiedlichen Sphären und kleine Kreisläufe. Wasserdampf dient nicht nur dem Transport vom Meer auf das Land, sondern kann auch große Mengen an Wärme speichern. Durch diesen natürlichen Treibhauseffekt schirmt der Wasserdampf die Erdoberfläche gegen Abstrahlung von Wärme in den Weltraum und somit vor Auskühlung ab und erhöht die Atmosphärentemperatur um 20,6° C. Gäbe es keinen Wasserdampf in der Atmosphäre, so läge deren Temperatur bei etwa –15° C. Wasserdampf gleicht außerdem die Tag- und Nachttemperaturen hervorragend aus.

- Außerhalb der Erde kommt Wasser ebenfalls in gigantischen Mengen entweder als Eis oder als Wasserdampf vor. Eis wurde in Kometen, auf dem Mars und auf einigen Monden der äußeren Planeten nachgewiesen. Die Saturnringe enthalten Schätzungen zufolge 20-30-mal so viel Wasser wie die Erde.
- Man sieht es dem Menschen nicht an, aber bei seiner Geburt besteht er zu 70 bis 80 Prozent aus Wasser. Als Erwachsener beträgt der Wasseranteil (nur) noch zwischen 50 und 60 Prozent, da mit zunehmendem Alter sein Wasserbindevermögen schwindet.
- Der menschliche Körper kann ohne Nahrung zwei Monate leben, ohne Wasser nur wenige Tage. Bereits ein Verlust von zehn Prozent führt zu schweren Mangelerscheinungen.
- Der Mensch trinkt in seinem Leben im Durchschnitt etwa 25.000 bis 30.000 Liter Wasser.
- Durstgefühl ist bereits Ausdruck einer negativen Wasserbilanz. Daher sollte nicht erst bei Durstgefühl getrunken werden.

Existenzielles Elixier Wasser

Das Leben auf unserer Erde ist absolut vom Wasser abhängig. Deshalb sind die Eigenschaften des Wassers nicht nur für den Menschen lebensnotwendig, sondern von fundamentaler Bedeutung für alle Lebewesen auf der Erde. In Organismen und in unbelebten Bestandteilen der Geosphäre spielt es als vorherrschendes Medium bei fast allen Stoffwechselvorgängen sowie geologischen und ökologischen Elementarprozessen eine entscheidende Rolle. Es bietet Lebensraum für viele unterschiedliche Organismen sowohl im Süß- als auch im Meerwasser. Wasser stellt ein gutes Lösungsmittel für Salze und viele andere Stoffe dar, welche für Pflanzen lebensnotwendig sind. Es ist zudem auch Transportmittel. Für Samen stellt Wasser ein Quellmittel dar. Des Weiteren ist es zum einen Ausgangsstoff für viele biochemische und chemische Reaktionen und zum anderen finden im Element Wasser viele biochemische Reaktionen statt.

Wasser ist Lebensraum für Tiere und Pflanzen. Bei weitem den größten Lebensraum der Erde stellen die Ozeane zur Verfügung. Die Mehrzahl der Hochseetiere lebt in der etwa 100 Meter tief reichenden Wasserschicht. Organismen, die sich von Algen und Wassertieren ernähren, können noch in Tiefen bis zu mehreren Tausend Metern vorkommen und bestimmte Bakterien sind sogar bis 11.000 Meter lebensfähig. Bislang sind über zwei Millionen Meerestiere bekannt. Wissenschaftler gehen davon aus, dass über eine Million höhere Lebensformen und bis zu einer Milliarde Mikrobenarten in den Weltmeeren zuhause sind. An Riffen und den Küstenstreifen herrschen wiederum ganz andere Verhältnisse, denn die Lebewesen dort sind zum einen der Brandung und zum anderen größeren Temperaturschwankungen als auf offener See ausgesetzt. Mangroven bilden eine einzigartige Überlappungszone von Wasser- und Landpflanzen sowie Wasser- und Landtieren. Ebenfalls zum aquatischen Lebensraum zählen Flüsse, Seen und Auwälder.

Unter den lebensnotwendigen anorganischen Nahrungsbestandteilen ist Wasser der Wichtigste. Es ist aufgrund seiner physikalisch-chemischen Eigenschaften unverzichtbar für die Aufrechterhaltung lebensnotwendiger Prozesse im menschlichen Körper. Dem menschlichen Organismus dient Wasser zur Erfüllung lebenswichtiger Aufgaben: Lösungs- und Transportmittel für zahlreiche Substanzen zur Versorgung der Zellen, Ausscheidung von Stoffwechselprodukten, Regulierung der Körpertemperatur, Hauptkraftquelle für die Energieerzeugung und vieles mehr. 92 Prozent des menschlichen Blutes bestehen aus Wasser. Das Blut sorgt für eine ausgeglichene Verteilung des Wassers zwischen dem Blutgefäßsystem, den Zellen und dem Bereich außerhalb der Zellen. Das menschliche Gehirn setzt sich zu 90 Prozent, die Muskeln zu 70 bis 75 Prozent und selbst die Knochen zu 22 Prozent aus Wasser zusammen. Der durchschnittliche Organismus eines Erwachsenen enthält so ungefähr 43 Liter Wasser. Der erwachsene Körper hat einen Tagesbedarf von zwei bis drei Litern Wasser, der durch Getränke, Speisen und das sogenannte Oxidationswasser, welches während der Energieerzeugung im Organismus entsteht, gedeckt wird. Der zugeführten Wassermenge steht die Wasserausscheidung über die Nieren, den Stuhlgang, die Haut und die Lunge gegenüber.

Wasser ist Leben – Ressource Wasser

Wasser ist lebensnotwendig, entscheidend für den Zyklus der Klimaregulierung, Landschaftsgestalter im Zuge der Erosion und gleichzeitig unentbehrliche Ressource für die Wirtschaft. Dabei nutzen wir die Ressource Wasser, als ob uns unbegrenzte Mengen zur Verfügung stünden. Aber jeder Tropfen zählt! Im vergangen Jahrhundert hat sich der Wasserverbrauch verzehnfacht, das entspricht einer Erhöhung von 1.000Prozent.

Wasser geht in die Produktion fast aller Lebensmittel und Industriegüter ein. Man spricht vom sogenannten virtuellen Wasser, welches einen erheblichen Anteil des Wasserverbrauchs auf unserer Erde ausmacht. Einige Beispiele für eingesetzte Mengen Wasser bei der Produktion von Bedarfsgütern:

Produkt	Einsatz Wasser in Liter
1 Kilogramm Weizen	1.500
1 Kilogramm Rindfleisch	15.000
1 Kilogramm Käse	5.000
1 Kilogramm Brot	1.000
1 Fast-Food-Menü	6.000
1 Tasse Kaffee	140
1 Blatt Papier	3
1 Computer	17.000
1 Auto	400.000

Wir Deutschen leben im Paradies – zumindest wenn es um das Wasserangebot geht. Nur etwa 17 Prozent der in Deutschland zur Verfügung stehenden Wassermenge werden tatsächlich benötigt und genutzt. Den mit Abstand größten Anteil verbraucht die Industrie. Für uns Menschen sind die technischen Anwendungen des Wassers bei der Energieumwandlung von größter Wichtigkeit zum Überleben geworden. Die Prozesse der Energieumwandlung sind ohne das Energiespeicher- und Energietransportsystem Wasser nicht mehr denkbar. Das beginnt beim Wasserkraftwerk und endet bei der Dampfturbine. Vor allem Kraftwerke benötigen riesige Wassermengen zur Kühlung. Dieses geht allerdings nicht »verloren«, sondern wird wieder in Gewässer eingeleitet. Die deutsche Landwirtschaft benötigt im Vergleich zu vielen anderen Ländern sehr geringe Wassermengen (etwa ein Prozent). Das verdanken wir vor allem unserem Klima. Hingegen benötigen viele andere Staaten eine ausgiebige Bewässerung für ihren Anbau. Der Anteil der Landwirtschaft am Wasserverbrauch liegt weltweit bei 70 Prozent. Auch der Bedarf in Privathaushalten ist in Deutschland mit etwa drei Prozent vergleichsweise gering. Jeder Bürger verbraucht etwa 130 Liter Wasser pro Tag; davon durchschnittlich 44 Liter zum Duschen und Baden, 33 Liter benötigt die Toilettenspülung und nur etwas fünf Liter nutzen wir täglich für Essen und Trinken. In einigen Entwicklungsländern müssen die Menschen mit fünf Litern Wasser am Tag auskommen. Der tatsächliche Wasserverbrauch pro Bürger liegt um ein Vielfaches höher, wenn man den täglichen Verbrauch an virtuellem Wasser mit berücksichtigt. So verbraucht jeder

Deutsche umgerechnet täglich über 5.000 Liter Wasser, das entspricht etwa 25 Badewannenfüllungen.

Heute zeigen sich große Unterschiede bei der Wassernutzung. In der EU zum Beispiel wird das meiste Wasser in den griechischen Flusseinzugsgebieten von Thessalien und Mittelmakedonien für landwirtschaftliche Zwecke genutzt, hingegen etwa 90 Prozent des Wassers aus dem Rhein für industrielle Zwecke.

Bereits vor mehreren Tausend Jahren wurden Siedlungen und Städte im antiken Griechenland oder Rom mit einem ausgeklügelten System für die Wasserversorgung und -entsorgung ausgestattet. Doch die »Idylle« des uneingeschränkten und immerwährenden Zugangs zu Wasser trügt. Heute noch lebt die Hälfte der Weltbevölkerung mit einer Wasserversorgung, die schlechter ist als jene des antiken Roms. In Indien und Bangladesch trinken Millionen Menschen arsenverseuchtes Wasser, denn die Hochleistungsreissorten müssen so stark bewässert werden, dass das von Natur aus im Boden enthaltene Arsen freigesetzt wird. Um Platz für Stauseen zur Trinkwassergewinnung und Stromerzeugung zu schaffen, werden nicht selten Millionen Menschen zwangsweise umgesiedelt. Jahrtausende alte Ökosysteme werden beim Bau von Großprojekten zerstört und die Landwirtschaft schädigt sich durch ineffiziente Bewässerung langfristig oft selbst.

Das Recht auf Zugang zu sauberem Wasser ist seit 2010 in der allgemeinen Erklärung für Menschenrechte verankert. Dennoch sterben jährlich rund 1,5 Millionen Menschen an verunreinigtem Wasser. Weltweit haben über eine Milliarde Menschen keinen Zugang zu sauberem

Trinkwasser. Schätzungen zufolge werden im Jahr 2050 etwa 40 Prozent der Weltbevölkerung unter Wasserknappheit leiden. Fachleute gehen von notwendigen Investitionen im Bereich Wasser von 23 bis 40 Billionen Dollar aus. Wasserknappheit wird einerseits durch natürliche Faktoren wie Dürre und Trockenheit verursacht. Sie ist andererseits auf den reduzierten Zugang zu Trinkwasser und »Wasserstress« durch die rivalisierende Wassernachfrage zurückzuführen. Gerade in Regionen mit Wasserknappheit werden große Teile der Wasserreserven von privaten Investoren kontrolliert und ohne Rücksicht auf Mensch und Umwelt ausgebeutet. In den meisten dieser Länder gibt es außerdem weder Regeln zum Schutz vor Wasserverschmutzung noch dafür, wie viel Wasser von wem und wann genutzt werden darf und kann.

Nach Angaben des »World Water Development Report« der Vereinten Nationen kommt es in einem Land zu »Wasserstresssituationen«, wenn seine jährlichen Wasserressourcen unter 1.700 Kubikmeter pro Einwohner sinken. Dies traf 2015 auch auf vier EU-Mitgliedstaaten (Malta, Polen, Tschechische Republik und Zypern) zu. Deshalb kann Wasser zum Anlass für soziale Konflikte und kriegerische Auseinandersetzungen werden. Die scheinbar regionalen Wasserprobleme sind dennoch von globalem Belang, da sie weitreichende Folgen wie Migration, Ausdehnung von Konflikten sowie die Zerstörung von Ökosystemen nach sich ziehen. Nachhaltigkeit der Wassernutzung und des Wasserangebots ist daher global zum Thema geworden.

Die Ressource Wasser schützen

Die schnellste und auch billigste Lösung, um dem Wassermangel zu begegnen, wäre es, die bereits vorhandenen Sparmöglichkeiten weiter auszubauen. Statt verzweifelt nach (nicht vorhandenen) Quellen zu suchen, rief z. B. die Stadtverwaltung von Mexico City ein Sparprogramm ins Leben, bei welchem sie unter anderem 350.000 Toiletten austauschte. Die dadurch eingesparte Wassermenge reicht aus, um weitere 250.000 Einwohner zu versorgen. Gleichzeitig ist es sinnvoll, die tiefer liegenden Ursachen anzugehen, denn etliches Wasser geht schon verloren, bevor es den Verbraucher überhaupt erreicht. In vielen Ländern der Erde versickert über ein Drittel des Trinkwassers aus undichten Rohren und defekten Geräten.

Durch die Nachfrage nach gewissen Produkten und Dienstleistungen kann jeder Verbraucher mitentscheiden, wie viel Wasser von der Industrie genutzt wird. Selbst wenn man das Wasser einberechnet, das benötigt wird, um einen Computer herzustellen, kann zum Beispiel Telearbeit hunderte Liter Wasser einsparen, die erforderlich wären, um einen Liter Benzin zu produzieren, auszuliefern und zu verkaufen. Auf jeder Stufe der Lebensmittelkette, vom Acker bis zum Teller, können Maßnahmen zur Einsparung von Wasser getroffen werden.

»Sie sind nicht krank – sie sind durstig.« F. Batmanghelidji

Sucht und der Durst nach Leben

Andrea Schmidt

So richtig durstig bin ich meist an heißen Sommertagen oder nach einer anstrengenden sportlichen Herausforderung. So durstig, dass ich mich ausgetrocknet und schlapp fühle und das Verlangen nach kühlem, klarem Wasser übermächtig wird.

Lebensdurst ist für mich ein mächtiges Wort, denn es holt mich bei den grundlegenden Erfahrungen meines Lebens ab.

Sehnsucht nach Glück

Ich (und ich bin mir sicher, Sie auch) kenne diese tiefe Sehnsucht nach Glück, Liebe, Freiheit, Geborgenheit, Annahme und bedingungslosem Vertrauen … und je nachdem, in welcher Lebenssituation ich mich befinde, verändert sich meine Sehnsucht. Dies führt mich zu einer Frage: Was bedeutet für mich echtes, erfrischendes, erfülltes Leben?

Je mehr Menschen wir diese Frage stellen, umso vielfältiger werden die Antworten sein. Aber eines wird uns verbinden: Wir wollen glücklich sein! Und wir wollen so wahrgenommen und geliebt werden, wie wir wirklich sind. Uns geborgen fühlen und gleichzeitig wachsen dürfen.

Wer durstig ist, sucht das Getränk, das seinen Durst stillt. Wer sich sehnt, sucht den Ort oder den Menschen, der seine Sehnsucht stillt.

Diese Sehnsucht, diesen Lebensdurst finde ich bei allen Menschen, die mir als Suchtkranke in meiner Arbeit begegnen. Und damit kommen sie mir sehr nahe. So unterschiedlich ihre Lebensgeschichten sind, eins haben sie alle und mit mir gemeinsam: Sie wollen glücklich sein! Ein wesentlicher Grund, der Menschen in die Abhängigkeit treibt, ist genau diese Sehnsucht. Endlich wirklich leben dürfen und Leben in Fülle erfahren.

Niemand will süchtig werden

Sucht ist eine Flucht vor sich selbst, Flucht vor einem Leben, das sich nicht mehr ertragen lässt. Flucht vor der Wüste in der eigenen Seele, den Versagensängsten, der gefühlten Minderwertigkeit und den Selbstzweifeln, vor dem ausgetrockneten Leben, dem Mangel an Liebe und Wertschätzung. Flucht vor der Sehnsucht, die so sehr schmerzt, dass man sie betäuben muss.

Alkohol und andere Suchtstoffe, Drogen, Tabletten, Glücksspiel, Internet, Smartphone … das sind erst einmal vielversprechende Hilfsmittel, um besser mit dem Leben klarzukommen. Sie lassen den Schmerz nicht mehr spüren.

Die meisten Konsumenten sind am Anfang überzeugt davon, ein Heilmittel für ihre Probleme gefunden zu haben. Eine Art Selbstmedikation, eingenommen in der Hoffnung, endlich glücklich zu werden.

Wenn Sie einen betrunkenen Menschen im Bus sehen, dann denken Sie bitte nicht: Ach dieser willenlose Säufer, wenn der sich nur ein wenig mehr anstrengen würde, könnte der doch seine Sucht in den Griff kriegen. – Die Phase, etwas willentlich in den Griff zu bekommen, ist lange vorbei. Hier haben Sie einen schwerkranken Menschen vor sich, der auch nur eins wollte: glücklich sein! Und der bei diesem Wunsch zur falschen Hilfe gegriffen hat.

Niemand hat die Absicht, süchtig zu werden. Keiner entscheidet sich bewusst dafür. Es passiert, weil mit dem Suchtmittel ein vermeintlicher Lösungsweg gefunden wird. Aus Genuss oder Neugier wird Missbrauch. Und es ist richtig gemein: Das Suchtmittel gaukelt vor, der Weg zu sein, der den Lebensdurst stillt. Aber im Laufe der Zeit zerstört es alles, was noch lebendig war.

In der Bibel gibt es dazu einen sehr aufschlussreichen Satz: »Mich, die Quelle frischen Wassers, verlassen sie, stattdessen graben sie sich Löcher für Regenwasser, die auch noch rissig sind und das Wasser nicht halten« (Jer 2,13).

Anselm Grün hat dies mit eigenen Worten aufgegriffen: »Nicht an den falschen Quellen stillt eure Sehnsucht, sondern bei Gott als der lebendigen Quelle.« Diese Sätze fordern heraus, die eigenen Quellen einmal genau anzuschauen und vielleicht gründlich zu hinterfragen: Hilft mir der Erfolg bei der Arbeit wirklich, um meine Sehnsucht nach

Leben zu stillen? Füllt meine ehrenamtliche Arbeit meinen Mangel aus, so geliebt zu werden, wie ich bin? Schenkt mir der starke Fokus auf Sport, Gesundheit und Wellness tatsächlich ein gesundes Selbstwertgefühl? Sind die Quellen, die ich aufsuche, in der Lage, meinen Durst zu stillen?

Sich der Lebenssehnsucht stellen

Im Neuen Testament gibt es viele Geschichten, die Mut machen, sich der eigenen Lebenssehnsucht zu stellen und genau hinzuschauen, wo man seinen Durst stillt. Zwei Erzählungen sind mir besonders wichtig:

Da ist die Frau aus Samaria, die eine so ungeheure Sehnsucht danach hat, geliebt zu werden, dass sie mittlerweile in der sechsten Beziehung lebt. Bisher hat es kein Mann geschafft, in ihr diese Sehnsucht zu stillen. Und in der Dorfgemeinschaft wird sie für ihren Lebensstil verachtet. Ausgerechnet an einem Brunnen trifft sie Jesus, und es entwickelt sich ein Gespräch. Er spürt diesen bisher ungestillten Durst in ihr, er verurteilt sie nicht. Und er sagt ihr einen wunderbaren Satz: »Wer von dem Wasser trinkt, das ich ihm gebe, wird niemals mehr Durst haben. Es wird in ihm zu einer Quelle werden, die ewiges Leben schenkt« (Joh 4, 13).

Und da ist dieser junge Mann, der eine riesige Sehnsucht in sich verspürt nach Freiheit, Veränderung und Selbstständigkeit, und der deshalb den Hof seines Vaters verlässt und in die Fremde zieht. Er scheitert kläglich, weil er an den falschen Orten seinen Lebensdurst zu stillen versucht. Dabei verliert er alles: sein Vermögen, seine Freunde und schließlich sich selbst. Er verliert sich selbst! Das macht Sucht mit Menschen: Sie bietet sich an als Quelle, um das Verlangen nach Leben zu stillen – und am Ende entfremdet sie Menschen so von sich selbst, dass sie sich zutiefst verlieren.

Die heilsame Wende in dieser Geschichte beginnt am absoluten Tiefpunkt: Der junge Mann, der nicht mehr weiß, wer er ist, erinnert sich an seinen Vater, erinnert sich an seine Identität! Und er beschließt, nach Hause zurückzugehen, selbst wenn er nicht mehr erwarten kann, als Kind seines Vaters aufgenommen zu werden.

Jesus zeichnet uns hier in dieser Erzählung ein Bild von Gott als Vater, das alle unsere menschlichen Vorstellungen sprengt: Dieser Vater, der schon so lange nach seinem Sohn Ausschau hält, verurteilt und straft nicht. Er nimmt ihn fest in seine Arme. Und diese Umarmung ist die Lebensquelle, die den Verlorenen wieder zurückholt ins Leben, in die Gemeinschaft, in ein wahrhaftiges Angenommensein.

Bei Gott, unserem Vater, der uns geschaffen hat, können wir lernen, unseren Durst zu stillen, weil er uns zeigt, wer wir wirklich sind: seine geliebten Kinder. Er nimmt uns nicht trotz aller Fehler an, sondern mit allen Fehlern und Schwächen. Er versteht zutiefst, warum wir so sind, wie wir sind. Denn er kennt wie kein anderer unsere Lebensgeschichte, unsere schmerzvollen Erfahrungen, die Stempel, die uns aufgedrückt wurden und uns nicht loslassen. Er kennt auch wie kein anderer unsere Angst. Die Angst, zu versagen, die Angst, andere zu verletzen, die Angst, es falsch zu machen oder sich falsch zu entscheiden, die Angst, nicht geliebt zu werden. Er weiß um all das, und nimmt uns in seine Arme, gibt uns ein neues Kleid und lässt so eine Quelle in uns entstehen, die uns nicht mehr durstig werden lässt.

Vielleicht haben wir noch nicht wirklich – tief in unserem Herzen – verstanden, dass Gott, der Vater, die Quelle ist, zu der wir jederzeit gehen können, nicht nur mit unseren guten Seiten, nein, gerade auch mit unseren Schattenseiten. Mit all dem, mit dem wir selbst nicht zurechtkommen. Genau mit dem, was ein Abhängiger so unerträglich spürt in seinem Leben und was er zu ertränken versucht. Genau mit dem, was wir selbst an uns nicht verstehen.

»Du selbst bist die Quelle, die uns Leben schenkt. Deine Liebe ist die Sonne, von der wir leben!«, bekennt David in Psalm 36. Daran hat sich bis heute nichts geändert. Auch wir haben im Haus des Vaters die Riesenchance, uns aus unseren inneren und äußeren Abhängigkeiten zu befreien, weil seine Liebe unseren Hunger und Durst nach Leben stillt.

Die Quelle finden

Die Jahreslosung aus humanwissenschaftlicher Sicht betrachtet

Martina Walter

Wenn Gott spricht: »Ich will den Durstigen geben von der Quelle des lebendigen Wassers umsonst«, dann stellen sich einige Fragen: Wer ist durstig? Wonach dürstet es den Menschen? Was kann die Quelle für unser Leben sein? Wo finden wir diese Quelle?

1. Wer ist durstig? – oder: der bedürftige Mensch

Am Anfang und am Ende der Bibel entdecken wir Gottes Vision für den Menschen. Dabei scheint Wasser eine zentrale Rolle zu spielen. In 1. Mo 2,10f heißt es: »Und es ging aus von Eden ein Strom, den Garten zu bewässern und teilte sich von da in vier Hauptarme …« Wasser symbolisiert reiches Leben und gute Versorgung, alle äußeren und inneren Bedürfnisse sind gestillt, befriedigt – die Menschen waren glücklich und sicher. Leider blieb es nicht dabei. Die ersten Menschen schnitten sich von diesem Lebensstrom und damit von den paradiesischen Zuständen ab.

Das führte dazu, dass der Mensch von da an, auf sich

selbst zurückgeworfen war und sein Leben zu gestalten hatte. Seither suchen Menschen nach Erfüllung ihres Lebens und sind getrieben von dem Durst nach Leben.

Durst ist eine vitale Mangelerfahrung und auf Dauer lebensgefährlich. Viele Menschen nehmen gar nicht wahr, dass sie dem Körper nicht genügend Flüssigkeit zuführen. Erst wenn sich das Durstgefühl meldet, greifen wir zum Wasserglas. Aber der spürbare Durst ist bereits eine Mangelerfahrung. Ist es mit dem Durst nach Leben ähnlich? Nehmen wir den Mangel erst wahr, wenn wir nicht mehr richtig funktionieren, wenn wir unglücklich sind, wenn uns Leid trifft, wenn Lebenswege anders verlaufen, als wir dachten, wenn wir scheitern oder wenn wir realisieren, dass irgendwie nicht genug Leben im Leben ist?

Der Durst nach Leben ist meines Erachtens das Streben danach, einen Mangel in unserer Lebensgestaltung auszugleichen. Wie kann ich mein Leben so gestalten, dass ich nicht nur überlebe, sondern dass es ein erfülltes, ein sinnvolles Leben ist?

2. Wonach dürstet uns? – oder: Ich habe Durst, ich hab noch Träume, will nicht so schnell zufrieden sein …

Durst nach Leben oder die Frage »Wie kommt mehr Leben ins Leben?«, das treibt Menschen unserer Zeit um, und sie verwenden viel Zeit, Geld und Kraft dafür irgendwie glücklich zu sein oder glücklich zu werden: Konsum, Urlaub, schnelle Autos, ein tolles Haus, Schönheit, der richtige Partner, Karriere … Was füllt die Leere, den Mangel aus?

Die Suche, aber auch die Ziellosigkeit und Einsamkeit des heutigen Menschen, werden in einem Lied von Frida Gold deutlich:

»Ich bin mitten drin
Und geb mich allem hin
Aber schaut man hinter die Kulissen
Dann fängt es immer so an
Ich schlafe immer zu lang
Krieg's nicht hin
Und fühl mich deshalb beschissen
Ich erkenn mich nicht
In den Schaufensterscheiben
Entdecke nichts, was mir gefällt
Ich brauch die schönsten Kleider
Und die stärksten Männer
Und eine Hand, die meine Hand für immer festhält

Wovon sollen wir träumen?
So wie wir sind, so wie wir sind, so wie wir sind
Woran können wir glauben?
Wo führt das hin? Was kommt und bleibt?
So wie wir sind«

Auch wenn es in diesem Lied vordergründig um zwischenmenschliche Beziehungen geht, drückt es doch auch etwas von der vergeblichen Suche des Menschen nach einem Halt, einem Ziel, einem Sinn aus.

Wir leben in einer Zeit, in der wir einerseits mit der ganzen Welt vernetzt sind und in der sich dennoch viele Menschen einsam fühlen. Beziehungen zerbrechen oder die Menschen scheuen davor zurück, überhaupt feste Bindungen einzugehen. Der Mensch unserer Gesellschaft sehnt sich nach einem sinnvollen Leben. Aber wie und wo ist es zu finden? Ist nicht alle Anstrengung zwecklos? Die Hoffnung auf eine gute Zukunft scheint verloren gegangen zu sein. Wofür lohnt es, sich einzusetzen, zu kämpfen, sich zu engagieren? Frida Gold singt: »Ich geb mich allem hin … Ich krieg's nicht hin.« Der Mensch weiß nicht, wer er selbst ist, sehnt sich nach Schönheit, Halt und Geborgenheit, aber er hat keinen Grund zu träumen, nichts, woran er glauben kann. Er weiß nicht wohin er geht und »was kommt und bleibt«.

Am Ende des Liedes von Frida Gold heißt es:

»Es bleibt ein Spiel ohne Ziel
Wann hört das auf?
Wann kommen wir hier raus?
Wovon sollen wir träumen?
Wo sind wir zu Haus? Wo sind wir zu Haus?«

Wo sind wir zu Haus? Wo ist der Ort, an dem wir zur Ruhe kommen, Frieden finden können und wissen, wohin wir gehören? Letztlich zielt alles auf die Frage: »Was ist der Sinn meines Lebens?«

»Herzlichen Glückwunsch zu dieser Frage…«, so würde jetzt vielleicht der Wiener Psychologe Viktor E. Frankl antworten. »Was ist der Sinn des Lebens?« – diese Frage hielt er für die alles entscheidende Frage für ein gutes und glückliches Menschenleben. Viktor E. Frankl entwickelte im letzten Jahrhundert die psychotherapeutische Richtung der Logotherapie und Existenzanalyse. Das Wort *logos* kann mit »Wort« oder auch mit »Sinn« übersetzt werden. Letzteres tat Frankl. Er ging davon aus, dass der Mensch ein sinnorientiertes Wesen ist und darum genau diese Frage nach dem Sinn des Lebens stellen muss.

Exkurs: Wer war Viktor E. Frankl?

Viktor Emil Frankl wurde 1905 als Sohn jüdischer Eltern in Wien geboren. Bereits als Schüler beschäftigte ihn die Frage, ob das Leben einen Sinn hat oder ob die Vergänglichkeit des Lebens nicht alles sinnlos macht. Ab 1928 bemühte er sich als Leiter von Jugendberatungsstellen um Suizidprävention bei Schülern. Nach dem Medizinstudium (1930) und seiner Promotion arbeitete Frankl zunächst an der psychiatrischen Universitätsklinik. 1937 eröffnete er eine eigene Praxis für Neurologie und Psychiatrie. 1940 wurde ihm die Leitung der neurologischen Station des Rothschild-Spitals, des einzigen jüdischen Krankenhauses in Wien, übertragen. 1941 erhielt Frankl das Angebot, nach Amerika auszureisen. Aus Verantwortung seinen Eltern gegenüber ließ er das Visum verfallen. 1942 wurde das Rothschild-Spital geschlossen. Frankl und seine ganze Familie wurden ins Konzentrationslager deportiert. Frankl durchlitt die Qualen von vier Konzentrationslagern (Theresienstadt, Auschwitz, Dachau, Türkheim). Seine Eltern, sein Bruder und seine Frau Tilly wurden in verschiedenen Lagern umgebracht, nur er überlebte.

Während viele Menschen am Erlebten zerbrachen, blieb Frankl dabei: Es gilt, selbst unter schwersten Umständen einen Sinn zu finden. »... trotzdem Ja zum Leben sagen. Ein Psychologe erlebt das Konzentrationslager« – so betitelte er das Buch , das er schon in den ersten Wochen nach seiner Befreiung in nur neun Tagen schrieb. Dieses Buch wurde in 24 Sprachen übersetzt. Allein in den USA verkaufte es sich rund neun Millionen Mal. In den Jahren nach dem Krieg schrieb er insgesamt 32 Bücher, die in 26 Sprachen erschienen sind. Aus seiner zweiten Ehe mit Eleonore Schwindt ging seine Tochter Gabriele hervor. Frankl wurde Professor für Psychiatrie und Neurologie und leitete die neurologische Poliklinik in Wien. Am 2. September 1997 starb Frankl infolge eines Herzleidens.

Die von Frankl beschriebene Logotherapie ist eine sinnorientierte Psychotherapie. Der Mensch als Sinnsuchender – das ist das entscheidende Thema in der Logotherapie Frankls. Was ist es, das ein Mensch unbedingt zum Leben braucht? Etwas, das man seinen Lebensgrund nennen könnte?

Wenn der Mensch die Sinnfrage nicht befriedigend beantworten kann, gerät er in eine Sinnkrise oder wie Frankl sagen würde – in ein »existenzielles Vakuum«.

Frankl sah in seiner Zeit, dass dieser Zustand des existenziellen Vakuums zunahm. Seine Begründung dafür lautetet: »Im Gegensatz zum Tier sagen dem Menschen keine Instinkte, was er muss; und dem Menschen von heute sagen keine Traditionen mehr, was er soll – nun scheint er nicht mehr recht zu wissen, was er eigentlich will.«[1] Die Folge davon ist laut Frankl, dass der Mensch nur das will, was die anderen tun (Konformismus), oder aber, dass er nur tut, was die anderen von ihm wollen (Totalitarismus). Das heißt, der Mensch weiß nicht mehr, was er tun *muss*, und er weiß nicht mehr, was er tun *soll*. Eine weitere Folge davon ist, dass er nun auch nicht mehr weiß, was er tun *will* und wohin er sein Leben steuert. Sinnleere aber löst Angst aus. Vor allem das Ringen um die eigene Identität erzeugt Angst, wenn die zentralen Fragen des Lebens unbeantwortet bleiben: Woher komme ich? Wozu lebe ich? Wohin gehe ich?

In der Jahreslosung heißt es, dass Gott uns sagt: »Ich will den Durstigen geben ...« Da stellt sich die Frage: Sind wir denn überhaupt noch durstig? Haben wir nicht alle Möglichkeiten, unsere Bedürfnisse, unseren Lebensdurst unmittelbar zu löschen? Gab es jemals in der Geschichte mehr Angebote als zurzeit? Ungestillte Bedürfnisse – gibt es die noch? Der Strom kommt aus der Steckdose, das Wasser aus dem Wasserhahn, per Drehknopf wird die Raumtemperatur reguliert, ein Mausklick und alle nötigen Informationen des gesamten Globus' stehen zur Verfügung. Heute in unserer Wohlstandsgesellschaft könnte alles okay sein. Und dennoch gibt es in unserer Gesellschaft einen enormen Zuwachs an Menschen, die darüber krank werden, dass sie keine Antworten für ihr Leben finden.

Die Suche nach wahrem Leben wird oft mit der Suche

---

1 Viktor E. Frankl: Die Sinnfrage in der Psychotherapie, München 1981, S. 24.

nach Ware beantwortet. Die Zeitschrift »Wirtschaftswoche« schrieb im Jahr 2004 »Die Menschen waren nie reicher als heute, aber sie waren auch noch nie wurzelloser.«

»Sobald die Leute genug haben, wovon sie leben können, stellt sich heraus, dass sie nicht wissen, wofür sie leben können«[2], so Viktor Frankl. Der Mensch lebt auf sich zurückgeworfen, als »Selfmade-Mensch«, mit dem Gefühl und dem Bestreben, dass er sich sein Glück, seine Erfüllung selbst schaffen muss. Frankl, der solches Bemühen der Menschen sah, sagte dazu: »Je mehr er [der Mensch] nach Glück jagt, umso mehr verjagt er es auch schon. Um dies zu verstehen, brauchen wir nur das Vorurteil zu überwinden, dass der Mensch im Grund darauf aus sei glücklich zu sein; was er in Wirklichkeit will, ist nämlich, einen Grund dazu zu haben. Und hat er einmal einen Grund dazu, dann stellt sich das Glücksgefühl von selbst ein. In dem Maße hingegen, in dem er das Glücksgefühl direkt anpeilt, verliert er den Grund, den er dazu haben mag, aus den Augen, und das Glücksgefühl selbst sackt in sich zusammen. Mit anderen Worten, Glück muss er-folgen und kann nicht er-zielt werden.«[3]

---

2 Viktor E. Frankl, Der Mensch vor der Frage nach dem Sinn, München 1996.

3 Viktor E. Frankl, Der Wille zum Sinn, München 1996.

3. Wo sind wir zu Hause? – oder: Auf der Suche nach der Quelle des Lebens

Einen Sinn finden wir, so Frankl, wenn wir etwas haben, das über uns selbst hinaus weist. Etwas, das wir außerhalb unseres Selbst finden. Dazu beschreibt Frankl drei »Straßen zum Sinn«, oder anders gesagt drei Wertekategorien:

a) *Schöpferische Werte* sind etwas, das wir tun oder gestalten wollen, das Erledigen einer Aufgabe, die sich uns stellt.
b) *Erlebniswerte* sind etwas, das sich lohnt zu erleben – Kunst, Natur, Erlebnisse mit Menschen, Hingabe an die Menschen, die wir lieben.
c) *Einstellungswerte* bedeuten, eine andere (positive) Einstellung zu unabänderlichen Situationen zu gewinnen.

In der Verwirklichung dieser drei Werte erfährt der Mensch Sinn und gewinnt, weil er über sich selbst hinausweist, Glück und Erfüllung für sein Leben. Mit anderen Worten: Der Mensch muss etwas haben, woran er sein Herz hängt. Aber etwas, auf das 100-prozentig Verlass ist.

Frankl charakterisierte den Menschen als ein freies und verantwortliches Wesen. Er fasste seine eigene leidvolle Lebenserfahrung und vor allem seine therapeutische Arbeit, unter anderem mit vielen suizidgefährdeten Menschen, mit einem bedeutenden Satz (nach Nietzsche) zusammen: »Wer ein *Warum* zum Leben hat, erträgt fast jedes *Wie*.«

Manchmal merken wir erst im Rückblick, dass uns das große Warum verloren gegangen ist, oft leise und unbemerkt. Dann geht uns auch die Kraftquelle verloren, die wie bei einer Pflanze alles durchströmt und mit Leben versorgt.

Ein echtes und tragfähiges *Warum* kann uns Kraft und Mut geben für jedes *Wie*! Wir erleben heute an vielen Stellen, wie sich alle Energie und Aufmerksamkeit auf das *Wie* konzentriert – das scheint die wichtigste Frage zu sein, die alles dominiert. Die Werbung ist ebenso voll davon wie manche Regalwände in der Buchhandlung: Wie kann ich gut aussehen und körperlich fit bleiben? Wie kann ich mich beruflich weiterentwickeln? Wie kann ich mein Geld optimal anlegen? Wie kann ich meine Kontakte und Beziehungen am besten pflegen und aufrechterhalten? Und wie komme ich durch die aktuelle Beziehungskrise? Alles wahrlich keine unwichtigen Fragen! Aber viel seltener nehmen wir dabei das *Warum* in den Blick! Warum starten wir überhaupt morgens in den Tag? Warum engagiere ich mich und gebe mir so viel Mühe? Warum starten wir Initiativen und Programme? Warum halten wir durch, auch wenn es Widerstände gibt, haben einen langen Atem?

Da gibt es kleine, pragmatische, aber auch große Warum-Antworten. Welches *Warum* ist so groß, dass wir dafür leben und arbeiten können? Dass es uns eine Passion und Leidenschaft zurückgibt, die an vielen Stellen in der Routine untergegangen ist? Und wenn wir dieses Wort Leidenschaft wörtlich nehmen, dann heißt es auch, dass es sich lohnt, dafür Opfer zu bringen, kostbare Zeit, manchmal auch wertvolle Lebensjahre.

Die Frage ist, wie ein Mensch das *Warum* des Lebens findet. Ist es nicht oft so, dass uns die Warum-Frage besonders dann beschäftigt, wenn wir nach Leid oder Scheitern im

Leben fragen? Frankl war z. B. der Ansicht, dass Hiob im AT nicht in erster Linie gequält war von den Schmerzen, sondern vielmehr von der Frage: »Warum diese Schmerzen?« Der Mensch ist bereit, alles zu ertragen, sofern er einen Sinn darin sieht.

Frankl dagegen betonte immer wieder, dass das Leben selbst dem Menschen Fragen stellt. »Das Leben selbst ist es, das dem Menschen Fragen stellt. Er hat nicht zu fragen, er ist vielmehr der vom Leben her Befragte, der dem Leben zu antworten – das Leben zu ver-antworten hat.«[4] Er sprach vom Aufgabencharakter des Lebens.

Die Sehnsucht, die wir haben, die auch im Lied von Frida Gold zum Ausdruck kommt, lässt uns auch auf das schließen, nach dem wir uns sehnen. »Wenn wir in uns selbst ein Bedürfnis entdecken, das durch nichts in dieser Welt gestillt werden kann, dann können wir daraus schließen, dass wir für eine andere Welt erschaffen sind.«[5]

Wir sehnen uns nach etwas, das über uns und unsere Wirklichkeit hinausreicht. Es scheint so, dass die Menschen eine angeborene Sehnsucht nach Gott in sich tragen. Ob wir nun bewusst religiös sind oder nicht – dieses Verlangen scheint uns zu begleiten. Manchmal scheint diese Sehnsucht unten vielen anderen Wünschen und Reizen vergraben zu sein, sodass wir sie nicht mehr wahrnehmen. Oder wir erleben sie in anderer Gestalt: als Sehnsucht nach Ganzheit, nach Vollkommenheit, nach Erfüllung. Egal wie wir es nennen, es ist ein Sehnen nach Liebe, ein Hunger zu

---

4 Viktor E. Frankl, Ärztliche Seelsorge, Wien 1971.

5 C. S. Lewis, Pardon ich bin Christ, 1986.

lieben, geliebt zu werden und der Quelle der Liebe näher zu kommen. Dieses Sehnen gehört zu unserem innersten menschlichen Wesen und ist Ursprung größter Hoffnung.

4. Lebensquelle Gott?!

Die Logotherapie Viktor Frankls ist zunächst einmal eine Psychotherapie und Frankl wehrte sich vehement dagegen, seine Logotherapie in irgendeine glaubensmäßige Richtung einzubinden oder sie gar vereinnahmen zu lassen. Für ihn war Religion Privatsache und er begründete diese Haltung damit, dass es zunächst einmal um eine medizinische Therapie gehe. »Für die Logotherapie kann Religion nur ein Gegenstand sein, nicht aber ein Standort [...] Das Ziel der Psychotherapie ist seelische Heilung – das Ziel der Religion jedoch das Seelenheil.«[6] Trotz dieser klaren Abgrenzung hatte Frankl ein intensives Verhältnis zur Religion und zu seiner jüdischen Herkunft.

Sehr wertschätzend räumt er Psychotherapie und Religion unterschiedliche Aufgaben und Orte ein. »Selbstverständlich ist es nicht so, als ob die Ziele der Psychotherapie und der Religion auf derselben Seinsebene stünden. Vielmehr ist die Ranghöhe seelischer Gesundheit eine andere als die des Seelenheils. Die Dimension, in die der religiöse Mensch vorstößt, ist also eine höhere, umfassendere als die Dimension, in der sich so etwas wie Psychotherapie ab-

6 Viktor E. Frankl, Der unbewusste Gott, München 1974.

spielt. Der Durchbruch in die höhere Dimension geschieht aber nicht in einem Wissen, sondern im Glauben.«[7] Diese Haltung Frankls ermutigte mich, unsere Jahreslosung aus seinem Blickwinkel zu betrachten.

Die Sehnsucht des Menschen nach Gott ist im Grunde genommen das Thema, das die ganze Bibel durchzieht. Dieser Durst nach Gott wird in den Psalmen in ergreifenden Bildworten ausgedrückt. Hintergrund ist bei David das eigene Leben mit Mangelerfahrungen. So beschreibt er z. B. den Durst nach Gott aus seiner misslichen Lage in der Wüste, auf der Flucht vor seinen Widersachern: »Gott, mein Gott bist du, dich suche ich. Wie ein Durstiger, der nach Wasser lechzt, so verlangt meine Seele nach dir. Mit meinem ganzen Körper spüre ich, wie groß meine Sehnsucht nach dir ist in einem dürren, ausgetrockneten Land, wo es kein Wasser mehr gibt« (Ps 63,2).

Sehnsucht nach Gott scheint etwas den ganzen Menschen mit Geist, Seele und Leib Ausfüllendes und Umtreibendes zu sein. Auch der bildhafte Vergleich des Seelenhungers nach Gott mit dem Durst einen Hirsches lässt uns ahnen, dass diese Sehnsucht nach Gott die ganze Schöpfung durchzieht (Ps 42).

Jesus selbst verdichtet diese Aussagen über die Lebensquelle und die notwendige Hinwendung unseres Suchens zu ihm allein, als er zum »Wasser des Lebens« einlädt mit den Worten: »Wer Durst hat, soll zu mir kommen und trinken …« (Joh 7,37f).

---

7 Viktor E. Frankl, Der unbewusste Gott, München 1974.

Umsonst – kostenlos oder vergeblich?

Jutta Georg

1. Umsonst bemüht

»Alles umsonst!«, war mein erster Gedanke, als das Mädchen den Termin absagte. Sie hatte sich beim CHRIS-Sorgentelefon gemeldet. Es entwickelten sich mehrere Gespräche, bis sie mit dem eigentlichen Grund ihres Anrufs herausrückte: Sie hatte sexuelle Gewalt erlebt. Sie wollte aus dieser Situation herauskommen, brauchte aber Hilfe dazu. Sie nannte mir ihre Postleitzahl und ich nahm Kontakt zu einem Pastor auf, der wiederum eine erfahrene Seelsorgerin aus seiner Gemeinde ansprach. Diese Frau war bereit, mit dem Mädchen zu einer Beratungsstelle vor Ort zu gehen, um gemeinsam die nächsten Schritte zu planen. Kurz vor dem Treffen mit dieser Seelsorgerin sagte das Mädchen den Termin ab. Natürlich war ich enttäuscht, weil ich einiges unternommen hatte, um ihr zu helfen. Es ist jedes Mal ein längerer innerer Prozess, bis ein Mensch aus einer solch ambivalenten und verstörenden Situation herauskommen will. Ich weiß, dass es dabei immer wieder Rückschritte und Krisen gibt. Man muss die Grenzen eines missbrauchten Kindes respektieren. War wirklich alles umsonst gewesen?

Ähnlich empfand es auch eine Mutter, die jahrelang Adoptiv- und Pflegekindern Liebe und Fürsorge gegeben hatte. »Manchmal habe ich den Eindruck, es war alles vergeblich«, sagte sie mir mit traurigen Augen. Nein, was wir für vergeblich halten, dem gibt Gott einen Sinn. Nicht immer werde ich diesen Sinn konkret erfahren. Aber der Glaube greift in die Zukunft und akzeptiert das Jetzt. Viele Eltern beten für ihre Kinder, machen sich Sorgen und warten auf Veränderungen, doch es scheint sich nichts zu tun. Umgekehrt gibt es das auch, dass Kinder für ihre Eltern beten, die sich von ihnen abgewandt haben. Sind denn Gebete umsonst? In meiner vierten Klasse haben wir oft für ein krebskrankes Geschwisterkind gebetet. Als das Mädchen starb, fragte ich die Klasse: »Seid ihr enttäuscht, dass dieses Mädchen trotz aller Gebete gestorben ist?« Die Kinder dachten kurz nach, dann sagte einer: »Ich bin nicht enttäuscht. Gott hat unser Beten anders erhört, als wir gedacht haben!« Die anderen nickten zustimmend. Ich war beschämt von diesem Glauben.

Unsere Gebete sind nie umsonst, sie landen vor Gottes Thron. Sie sind wertgeschätzt vom Höchsten. »Und da es das Buch nahm, da fielen die vier Tiere und die vierundzwanzig Ältesten nieder vor dem Lamm und hatten ein jeglicher Harfen und goldene Schalen voll Räuchwerk, das sind die Gebete der Heiligen« (Offb 5,8).

Mir steht ein Missionar vor Augen, der sich die Hacken abgelaufen hatte, um Menschen einzuladen und zu Jesus zu bringen. Nur eine kleine Schar fand sich am Ende als

Gemeinde zusammen. Alles umsonst? Oft habe ich Mitarbeitende bewundert, die für wenige Kinder eine tolle Stunde vorbereitet und ihnen mit viel Liebe Jesus vor Augen gemalt haben. Es kommt nicht auf die große Zahl an. Der Einzelne zählt in Gottes Augen mehr als die Menge. Unter dem Kreuz stand nur eine kleine Schar von Frauen und Männern, die Jesus treu gefolgt waren. Hatte sich Jesus' Einsatz gelohnt? War Jesus nicht nur in seiner Person, sondern auch in der Sache total gescheitert? »Darum, meine lieben Brüder und Schwestern, seid fest und unerschütterlich und nehmt immer zu in dem Werk des Herrn, denn ihr wisst, dass eure Arbeit nicht vergeblich ist in dem Herrn« (1. Kor 15,58).

2. Umsonst zu haben

»Heute zwei Kilo bezahlen und ein drittes Kilo umsonst!«, kreischt der Marktschreier und die Leute drängen sich um seinen Stand. Das ist doch ein tolles Schnäppchen. Da muss man doch zugreifen. Viele wollen alles möglichst billig erwerben, und wo es etwas umsonst gibt, sind sie dabei. Mit Stolz nennen sie den niedrigen Preis des erworbenen Produkts. Als Fünfjährige war ich in Heiligenhafen im Urlaub. Das Kaufhaus bot zum Sommerschlussverkauf viele Sommerkleider für 'nen Appel und 'n Ei an. Dicht gedrängt standen die Käufer mit einem Apfel und einem Ei in der Hand vor der Tür. Als endlich die Tür geöffnet wurde, schoben sich die Menschen mit erhobenen Händen hinein und mancher zerdrückte dabei das Ei in seiner Hand. Fasziniert beobachtete ich den Auflauf und hätte liebend gerne mitgemacht.

Heute bin ich eher skeptisch und frage mich, ob diese tollen Angebote nicht einen Haken haben. Vielleicht wird mir da wertloser Plunder angedreht, der schon nach dem ersten Gebrauch kaputt geht. Es werden mir schadhafte Dinge geschenkt, die in den Müll gehören. Nein, ich bin zu fein, um auf Marktschreier und Superschnäppchen hereinzufallen. Ich halte Abstand dazu. Setze auf Markenprodukte und seriöse Verkaufsangebote. Ich bin doch keine, die mit der Masse läuft.

So empfinden auch Menschen, die Jesus' Angebot hören: »Ich will dir von der Quelle des lebendigen Wassers geben umsonst!« Sie machen innerlich sofort zu, weil sie denken: Ich lasse mir doch nichts schenken. Ich müsste ja etwas zurückgeben. Nur ein Kind nimmt ohne zu fragen ein Geschenk an. Ein Erwachsener lehnt es höflich ab. Umsonst will man nichts, denn was nichts kostet, ist nichts wert! Man wäre bereit, viel zu tun, Geld zu geben oder eine schlechte Angewohnheit zu lassen, aber einfach so anzunehmen, was Jesus uns anbietet, nein, das will man nicht. Luther hat es begriffen: Ich kann nichts zu meinem Heil tun, es ist allein Gnade, dass Gott mich annimmt.

Ich sollte mir bewusst machen, dass Jesus' Angebot nicht immer verfügbar ist. Wie bei einem besonderen Angebot muss man die Zeit nutzen, sonst hat man das Schnäppchen verpasst. Zwar bietet uns Gottes Wort diese Einladung ein ganzes Jahr und noch darüber hinaus an, aber nicht immer spricht es mich an. Wenn ich merke, jetzt meint dieses Wort mich ganz persönlich, dann muss ich zu

Jesus kommen. Dann ist es mein *kairos*, mein von Gott gewollter Zeitpunkt, wo ich ja sagen muss. Jeder hört Gottes Stimme ganz für sich persönlich: »Heute, wenn ihr seine Stimme hört, so verstockt eure Herzen nicht« (Heb 3,15).

Gottes Zusage bleibt, doch meine Hör- und Gehorsamsbereitschaft ist nur begrenzt vorhanden. Manchmal verblasst der Ruf Gottes durch das alltägliche Leben. Manchmal ist der Einfluss von Freunden oder Meinungsmachern stärker, die uns den Wert des Glaubens vermiesen. Manchmal sind wir so enttäuscht, dass wir unser Herz hart machen, uns dem Angebot verschließen und nichts mehr mit Gott zu tun haben wollen. Ohne unser Wollen, unsere Entscheidung, das Angebot anzunehmen, werden wir nicht die Erfahrung des Satt- und Erfülltwerdens machen. »Hätte ich doch zugegriffen!«, bedauert man später. Verpass deine Chance nicht.

3. Umsonst geopfert

Mancher hat die Vorstellung, Jesus verschleudere sein Angebot wie der billige Jakob. Wenn er so freizügig seine Geschenke verteilt, dann wird es ihn ja nicht viel gekostet haben. Was hat er denn eingesetzt, um uns das lebensspendende Wasser anzubieten? Freiwillig verließ er den Himmel, um als Baby auf Erden geboren zu werden. Er war Teilhaber der Herrschaft Gottes, aber er klammerte sich nicht an seine Machtstellung, sondern wurde ein kleines Kind, das auf die Liebe und Fürsorge seiner Eltern angewiesen war. Als Jesus sein Wirken in der

Öffentlichkeit begann, da trat er nicht auf wie ein mächtiger Fürst, nein, er wirkte wie ein normaler Mitbürger aus Nazaret oder saß als durstiger Wanderer am Brunnen. Er heilte die Kranken, tröstete die Mutlosen und rief normale Menschen in seine Nachfolge. Er wollte nicht die Begeisterung der Massen, sondern das Herz des Einzelnen finden. Es war ihm wichtig, Menschen zur Umkehr, zur Lebenswende zu rufen. Selbst seine Freunde verstanden ihn oft nicht. Er erlebte Bedrohungen und Anfeindungen, Mordpläne und Nachstellungen, bis die Zeit kam, dass er endgültig zum Opferlamm werden sollte. Er wusste, welches Schicksal ihn erwartete, und doch musste er darum ringen, ein Ja dazu zu finden. Mit Schweiß und Tränen kämpfte er im Gebet darum, sich unter den Willen des Vaters zu beugen. Nur so ertrug er das Angespucktwerden, die Auspeitschung, die Verleumdungen, die Dornenkrone und die Marter der Kreuzigung. Der tiefste Punkt war erreicht, als er rief: »Mein Gott, mein Gott, warum hast du mich verlassen?« (Mt 27,46). Das war das Schwerste, die Beziehung zum Vater zu verlieren. Es hat ihn buchstäblich das Leben gekostet, um für uns die Vergebung der Schuld zu ermöglichen. Durch sein Opfer bekommen wir die Vergebung und Annahme bei Gott als Gratisgeschenk. Ihn hat es alles gekostet, um uns das kostenlose Angebot der Versöhnung mit Gott zu machen. Es ist keine billige Gnade, sondern eine kostbare Gabe, die Jesus uns aus Liebe schenkt. Das war seine Motivation, aus Liebe sein Leben zu geben, um uns alles zu schenken, was unserem Leben Wert und Fülle gibt.

Auf vielfältige Weise wird bis heute diese gute Botschaft

verbreitet. Kinderstunden, Jugend- und Teenagergruppen, Evangelisationen wie Pro Christ oder Jesus House, Frauenfrühstücke, Männerabende, Freizeiten, Seelsorgekurse und vieles mehr haben das Ziel, Menschen für dieses wunderbare Angebot zu interessieren. Warum wird so wenig davon Gebrauch gemacht? Warum scheint mancher jahrelange Einsatz den Mitarbeitenden so vergeblich? Warum sind hohe finanzielle Investitionen umsonst? Ist die Zeit der Evangelisation vorbei? Gewiss müssen wir neue, zeitgemäße Formen finden, aber der Inhalt ist doch nicht wertlos geworden. Brauchen die Menschen von heute keine Versöhnung mehr mit Gott? Dürsten sie nicht mehr nach dem lebendigen Wasser, das uns ewiges Leben schenkt? Ist uns nur die Diesseitigkeit etwas wert und nicht mehr die Ewigkeit?

Lassen wir uns nicht den Mut rauben, immer wieder neu das lebensverändernde Angebot Jesu bekanntzumachen. Sicher nicht wie ein Marktschreier – das können nur sehr wenige –, aber leise, stetig, liebevoll dem Einzelnen nachgehen. Unseren Glauben und unsere Hoffnung in das normale Alltagsgespräch bringen. Sagen wir in den Begegnungen, dass wir für den Betreffenden beten. Manchmal wünscht er/sie sich sogar in dem Augenblick das offene Gebet. So erlebe ich es am CHRIS-Sorgentelefon. Lasst uns handeln in der Gewissheit, dass nichts vergeblich ist, was wir aus Liebe zu Jesus und zu den Menschen tun.

Cae Gauntt hat diese Gedanken und Gefühle in ihrem Song zusammengefasst:

»Du bist leer, hast alles gegeben –
gabst deine Kraft, deine Zeit.
Doch man gab dir noch nicht einmal Dankbarkeit.
Du bist leer – gabst ohne Lohn, ohne Pfand.
Nun stehst du da, bist müde und ausgebrannt.

Es geht nichts verloren, wenn sich Liebe so verschenkt,
es geht nichts verloren.
Was du tust um Gottes Willen, davon geht nichts verloren.«

Impulse zum Gespräch

Wo habe ich den Eindruck, dass alles umsonst war?

Was nichts kostet, ist nichts wert. Wo ist dieser Ausspruch aktuell?

Welchen Wert hat für mich das Opfer Jesu?

Wie kann ich das Gratisangebot Jesu in meinem Umfeld bekanntmachen?

Durst nach Gott

Näphäsh in Psalm 42 als sehnsuchtsvolle Bewegung zu Gott hin

Katharina Schöpflin

»Wie der Hirsch lechzt nach frischem Wasser, so schreit meine Seele, Gott, zu dir« (Ps 42,2).

Die Seele dürstet nach Gott

Wasser heißt Leben. Wo es lange Zeit nicht regnet, trocknet die Erde aus. Nichts wächst mehr. Es entsteht eine »tote« Wüstenlandschaft. Ohne Wasser kein Leben. Das gilt auch für Mensch und Tier: Wer mehrere Tage lang nichts trinkt, der stirbt. Kein Wunder also, dass in der Bibel das Wasser als Bild für das Leben steht, das Gott schenkt. Und wie der Körper Durst nach Wasser hat, so hat der »innere Mensch« Sehnsucht nach Leben. In den Psalmen ist oft davon die Rede, dass »die Seele« nach Gott schreit, lechzt oder dürstet. Dabei gibt das deutsche Wort »Seele« nur einen Teil dessen wieder, was im hebräischen Wort *näphäsh* steckt. Die Übersetzungsmöglichkeiten zeigen, dass der Durst nach dem Leben und nach Gott schon in der Wortbedeutung von *näphäsh* zu finden ist. Es lässt sich übersetzen mit: Leben, Lebewesen, Seele, Kehle, Atem, (durstiges) Verlangen, Begehren.

Näphäsh: Lebe(wese)n, das von Gott kommt

»Da machte Gott der Herr den Menschen aus Erde vom Acker und blies ihm den Atem des Lebens in seine Nase. Und so wurde der Mensch eine lebendige näphäsh« (1. Mo 2,7). Gott ist der Ursprung des Lebens und er haucht dieses Leben in den Menschen ein. An dieser Stelle wird schon deutlich, dass *näphäsh* mehr ist als Seele. Martin Luther übersetzt hier *näphäsh* mit »Wesen«. Der Mensch *hat* nicht eine *näphäsh*, er *ist* eine *näphäsh*: Ein Lebewesen. In unserem griechisch geprägten Denken unterscheiden wir stärker zwischen Körper und Seele. Der griechische Philosoph Platon hat diese Vorstellung von der Seele geprägt, und auch im gnostischen Gedankengut findet sie sich wieder. Dieses Bild von der Seele hat auch das christliche Denken beeinflusst, das sich darin vom jüdischen Menschenbild unterscheidet. Platons Ansicht über die Seele drückt aus, dass diese prä- und postexistent ist. Es gab sie, bevor der Körper entstanden ist, und nach dessen Tod wird sie weiterhin unbeschadet existieren. Damit ist die unsterbliche Seele dem Körper übergeordnet. Der Körper legt ihr Begrenzungen auf und wird von Platon als das »Grab der Seele« bezeichnet. Sie ist erst wieder wirklich frei, wenn sie sich mit seinem Tod von ihm lösen kann. Die Seele spiegelt nach Platon einen Teil Gottes wider und ist wesensgleich mit ihm, ein Teil von ihm. So steckt in jedem Menschen ein göttlicher Funke, der darauf wartet, dass er mit dem Tod des Körpers von dieser Bindung befreit wird und wieder ganz bei und wie Gott sein kann. Der sichtbare Körper ist der Ort, an dem die unsichtbare Seele lebt. Körper und Seele stehen so im Gegensatz zueinander: Die Seele ist göttlich und gut, alles Leibliche ist »weltlich« und verwerflich.

Das entspricht nicht dem biblischen Menschenbild. Das alttestamentliche, hebräische Denken hat eine ganzheitliche Sicht auf den Menschen. Es wird nicht getrennt zwischen Körper und Seele. Der ganze Mensch ist Leben, Seele, von Gott geschaffenes Wesen. Die *näphäsh* ist nicht nur ein Teil des Menschen. Der ganze Mensch ist *näphäsh*, dazu gehört sein Denken, Wollen, Fühlen und auch sein Körper. Ebenso wenig ist die *näphäsh* ein Teil von Gott, der als eine Art göttlicher Funke im Menschen lebt. Der Mensch ist von Gott geschaffen als sein Gegenüber (1. Mo 1,27). Er hat seine Existenz aus Gott und ist dabei aber nicht wie Gott, sondern »niedriger als Gott« (Ps 8,6). Wie Gott sein zu wollen ist die größte Versuchung des Menschen, so versucht die Schlange Eva: »Ihr werdet sein wie Gott und wissen, was gut und böse ist« (1. Mo 3,5). Wo der Mensch es anstrebt, wie Gott zu sein, entfernt er sich von ihm und von seiner eigentlichen Bestimmung, nämlich mit und von Gott zu leben.

Das ist der tiefe Sinn der menschlichen Existenz: Gott und Mensch sind aufeinander bezogen, beide suchen die Beziehung zueinander und können sie gestalten. Gerade weil der Mensch nicht wie Gott ist, ist er darauf angewiesen, ihn zu suchen und zu finden. Dieses Menschenbild bringt Gott und Mensch viel näher, viel persönlicher zueinander als die Vorstellung davon, Gott sei von Grund auf durch die Seele schon in uns. Wenn er schon in mir ist, dann kann ich bleiben, wo und wie ich bin. Doch Gott und Mensch suchen einander immer wieder, immer neu, immer weiter. Gott sucht den Menschen, weil er ihn will. Der Mensch sucht Gott, weil er ihn braucht. Der Mensch als *näphäsh* weiß und spürt, dass er nur in Verbindung mit Gott wirklich lebendig ist. Darum zieht es ihn zu Gott hin.

Näphäsh: Kehle, die Sehnsucht nach Gott hat

Diese Bewegung zu Gott hin wird auch deutlich in zwei weiteren Begriffen, mit denen sich *näphäsh* übersetzen lässt: Kehle und Atem. Die Kehle des Menschen will gefüllt werden. Den Atem braucht der ganze Mensch, um überhaupt zu leben. Wenn der Kehle das Wasser fehlt, hat sie Durst. Wenn ihr der Atem fehlt, ringt sie danach, oder sie stirbt. Genauso: Wenn ihr Gott fehlt, ist sie unruhig und sucht nach ihm. Sie kann nicht ohne ihn sein. Ist die Kehle aber gefüllt, dann ist der Mensch zufrieden und satt. Ist die *näphäsh* in Verbindung mit dem lebendigen Gott, wird sie ruhig und zufrieden wie ein Kind bei der Mutter (Ps 131,2).

Der Mensch als *näphäsh* ist ein absolut bedürftiges Wesen. Solange seine Bedürfnisse ungestillt sind, wird er von ihnen angetrieben. Er wird in Bewegung gesetzt wie der durstige Hirsch, der unruhig nach einer Quelle sucht. Er muss sich bewegen und auf die Suche machen, denn die Kehle kann sich nicht mit sich selbst füllen. Was sie erfüllt, kommt von außerhalb: Wasser, Nahrung, Luft. So kann der sehnsüchtige Mensch sich nicht selbst zufriedenstellen. Er ist angewiesen auf Gott und sucht ihn. Die *näphäsh* spürt: »Nur in Verbindung mit Gott bin ich wirklich lebensfähig!« Wie das kleine Kind, das noch wackelig auf den Beinen ist, nach der Hand der Eltern greift, sucht sie nach der Verbindung zu Gott. Angetrieben wird sie von dem Wunsch und Verlangen nach echtem Leben, nach Sinn und Lebendigkeit. Dieser Wunsch ist ein Teil des Lebens. Das Verlangen der *näphäsh* gehört zum Menschsein dazu. Hier zeigt sich noch einmal der Gegensatz zu dem Menschenbild, das die Seele als Gegensatz zum Leib mit seinen Begierden sieht. In diesem Bild wird das Begehren negativ gesehen. Bei *näphäsh* dagegen sind sowohl die Seele als auch das Verlangen ein Teil ihrer Eigenschaften. Das Begehren gehört zum Menschsein dazu. Es ist grundsätzlich eine gute Kraft, die das Potenzial hat, den Menschen zu Gott hin zu ziehen, ihn auf Gott zurückzuwerfen.

Begehren, Verlangen, Sehnsucht – diese Empfindungen sind auf etwas oder jemanden ausgerichtet. Sehnen hängt mit Hoffen und Erwarten zusammen. Die Sehnsucht nach einem Menschen beinhaltet die Hoffnung, ihn (bald) wiederzusehen. Das Sehnen des Menschen nach Gott schließt die Erwartung mit ein: »Es gibt einen Gott und irgendwie tritt er mit mir in Beziehung.« Somit weist die *näphäsh* auf ihren Schöpfer hin. Bei allem Verlangen kann der Mensch allerdings Gott nicht alleine erreichen. Nicht umsonst sind die Gebete der Psalmen voller Bitten an Gott, das Sehnen der *näphäsh* nach ihm endlich wieder zu stillen. Der Mensch braucht Gott. Gott schenkt ihm den Zugang zu und die Begegnung mit ihm selbst. Die *näphäsh* kann mit ihrem Durst nur danach rufen und suchen, dass Gott sich ihr zuwendet und sich zeigt. Die gute Nachricht ist: Genau das tut Gott. Er bietet das Wasser, das den Durst des Menschen stillt. Er stellt die Verbindung zu uns her und kommt uns nahe.

Die Seele und der Durst in Psalm 42

»Wie der Hirsch lechzt nach frischem Wasser, so schreit meine Seele, Gott, zu dir« (Ps 42,2).

Der Begriff *näphäsh* kommt in der Bibel mit Abstand am häufigsten in den Psalmen vor. Hier suchen Menschen das direkte Gespräch mit Gott. Ihr Wesen, ihre Seele schreit nach ihm, ist unruhig oder zufrieden, schüttet sich vor Gott aus und hält sich ihm entgegen. Ein Beispiel für das sehnsuchtsvolle Verlangen nach Gott findet sich in Psalm 42. Der Betende hat bereits die Erfahrung gemacht, dass die Begegnung mit dem lebendigen Gott seine Sehnsucht stillt. Gleichzeitig wurde seine Sehnsucht nach Gott wieder geweckt: »Wann komme ich dahin, dass ich Gottes Angesicht schaue?« (V. 3). Er vergleicht sich selbst mit einem Hirsch, der mit ausgetrockneter, heiserer Kehle nach Wasser brüllt. Ihm fehlt etwas Grundlegendes, und das will er nicht mehr länger hinnehmen. Sein ganzes Wesen ist von dem Mangel gezeichnet. Auf die Spitze getrieben heißt es: trinken oder verdursten. Bei Gott sein oder zugrunde gehen. Durst ist schlimmer als Hunger. Er kann nur für kurze Zeit aufgeschoben werden. Wird er ein oder zwei Tage nicht gestillt, hat das schon gravierende Auswirkungen auf

Körper und Seele. Damit zeigt der Beter, wie grundlegend er Gott braucht, wie dringend er ihn sucht.

Seine Sehnsucht ist: »Meine *näphäsh* dürstet nach Gott, nach dem lebendigen Gott. Wann werde ich dahin kommen, dass ich Gottes Angesicht schaue?« (V. 3). Gleichzeitig beruhigt der Beter sich selbst und setzt seine Hoffnung auf Gott. Er spricht zu seiner *näphäsh*, zu sich selbst: »Was betrübst du dich, meine *näphäsh*, und bist so unruhig in mir? Harre auf Gott; denn ich werde ihm noch danken, dass er meines Angesichts Hilfe und mein Gott ist.« (V. 6.12) Halte aus, der Durst wird nicht ewig dauern. Gott wird die Sehnsucht stillen. Wie sieht das Stillen der Sehnsucht aus? Der sich nach Gott Sehnende wird Gottes Angesicht nicht unmittelbar sehen können. »Denn kein Mensch wird leben, der mich [Gott] sieht« (2. Mo 33,20). Bleibt die Sehnsucht der *näphäsh* dann auf Erden ungestillt? Wird sie erst in Ewigkeit gestillt werden, wenn Gott von der Quelle des lebendigen Wassers zu trinken gibt und er selbst bei den Menschen wohnen wird (Offb 21,3.6)?

Im irdischen Leben können wir Gott nicht sehen, nicht vollständig erfassen und begreifen. Doch Gott selbst scheint großes Interesse daran zu haben, diese Distanz zu überbrücken. Ständig nutzt er verschiedene Wege, um mit Menschen in Kontakt zu sein und sich, zwar verborgen und nicht eindeutig, aber doch begreifbar zu zeigen. In der Geschichte erscheint er Menschen in Naturgewalten. Er schickt Engel, um seine Botschaften zu übermitteln. Er beruft Menschen, um durch sie als Propheten zu sprechen. Am Unmittelbarsten begegnet er den Menschen in Jesus Christus, der durch sein Leben wie kein anderer zeigt, wie

Gott der Vater ist. Nach Jesu Himmelfahrt kommt Gott durch seinen Heiligen Geist vielen Menschen nahe und zeigt ihnen sein Wesen und seinen Willen. Wenn also jemand Gott sehen und erkennen möchte, dann kann er davon ausgehen, dass das auch Gottes Wunsch ist. Und wenn ein Mensch zum ersten Mal die Sehnsucht spürt, Gott zu begegnen, kann er sich sicher sein, dass Gott selbst diesen Stein schon ins Rollen gebracht hat. Das Versprechen Jesu, »Sucht und ihr werdet finden« (Mt 7,7), hat Hand und Fuß, weil Gottes Suche nach dem Menschen schon längst begonnen hat.

Der Mensch, der Sehnsucht nach Gott hat, kann diese also erwartungsvoll herausschreien, wie der Beter in Psalm 42. Er kann erwarten, dass Gott seine Sehnsucht kennt, dass er sie selbst teilt und stillen wird. »Er sättigt die durstige Seele« (Ps 107,9; vgl. 104,27f; 145,15f u. a.). Die Erfahrung (nicht nur) der Psalmbeter zeigt, dass schon der Dialog mit Gott den Durst der *näphäsh* mindert, ihre Perspektive erweitert und sie ruhiger werden lässt. Sie beenden das Gebet anders, als sie es begonnen haben. Manchem sind durch ein solches Gespräch Einblicke in Gottes Herrlichkeit geschenkt worden – genau das, was die *näphäsh* sucht! Dagegen gilt: Ein Mangel der Seele am Gespräch mit Gott legt sie still, so wie ein Mangel an Sauerstoff in der Kehle den Körper lahmlegt. So ist das Gebet gleichzeitig der Ausdruck der Sehnsucht nach Gott und der Weg, diese zu stillen.

Auf dieser Erde leben wir in der Spannung zwischen »schon jetzt stillt Gott unsere Sehnsucht nach ihm« und »noch sehen wir ihn nicht unmittelbar«, wie es nach Offb

21 in Ewigkeit sein wird. Das hält uns in Bewegung. Die sich sehnende *näphäsh* gibt sich mit dem Status quo zufrieden, sie bleibt nicht auf Distanz zu Gott. Sie strebt zu ihm hin und bittet ihn, sich ihr zu zeigen, ihren Durst zu stillen. Sie weiß, wie es ist, wenn ihre Sehnsucht vorübergehend gestillt wird. Sie bleibt in Bewegung zu Gott hin, bis sie eines Tages Gott von Angesicht zu Angesicht sehen wird und ihr Durst mit lebendigem Wasser gestillt wird.

Ideen zur Anwendung

Wie oben beschrieben, ist die *näphäsh* der ganze Mensch, mit allen Sinnen, mit Verstand, Emotionen, Körper, Herz und Geist. Darum erscheint es mir sinnvoll, am Ende dieser Gedanken über die *näphäsh* zu fragen, wie das Thema »Durst nach Gott« ganzheitlich bearbeitet werden kann. Wer »nur« einen Artikel dazu liest, behandelt es überwiegend mit dem Kopf. Was ist mit dem Rest der *näphäsh*?

Zwei Anregungen für die Praxis:
Meditation entweder in der Stille oder mit der Möglichkeit, die Gedanken kreativ zum Ausdruck zu bringen (Pantomime, Fotografie, malen, ...). Im Zentrum steht die Frage: Welche Bilder steigen in dir auf, wenn du an den »Durst nach Gott« denkst? Diese kreativ umsetzen oder ins Gespräch darüber kommen. Beispiele sind:

- Ein Ertrinkender, der die Arme nach dem Rettungsring ausstreckt.
- Zwei Verliebte, die sich am Bahnsteig nach langer Tren-

nung wiedersehen und mit ausgebreiteten Armen aufeinander zulaufen.

- Ein Hungriger, der sich den Bauch hält und sich in Bewegung setzt, um die nächste Imbissbude aufzusuchen.
- Viele Menschen auf kleinen Booten, die den lebensgefährlichen Weg über das Mittelmeer nach Europa wagen, mit der Hoffnung auf ein besseres Leben.
- C-Promis, die in schlechten Shows oder durch inszenierte Skandale versuchen, die Aufmerksamkeit der Medien zu erhaschen.
- Ein Kind, das auf Zehenspitzen steht und sich ganz lang macht, um oben im Regal an die Süßigkeiten heranzukommen.
- Ein Baby, das schreit. Jemand versucht, es mit einem Kuscheltier zu beruhigen. Wirklich zur Ruhe kommt es erst an der Brust der Mutter.

Durst nach Gott mit dem Körper zeigen: Alleine oder in der Gruppe. Ps 42,1-6 laut lesen. Einzelne Wörter oder Abschnitte mit einer Körperhaltung zum Ausdruck bringen: Aufstehen, auf die Knie gehen, die Arme weit ausstrecken, den Durst in Worte fassen oder laut herausschreien wie der brüllende Hirsch, zu einem Krug mit Wasser gehen und ein Glas füllen und trinken, Ausflug in eine trockene Landschaft und Suche nach Wasser …

ENTWÜRFE FÜR DIE ARBEIT MIT GRUPPEN

Der Weg zur Quelle – ein geistlicher Pilgerweg

Werner Anisch

»Bei Offenbarung 21,6 und der Quelle ist mir sofort ›unsere‹ Wanderung in Bursfelde eingefallen, als wir im Morgengrauen ›zur Quelle‹ gewandert sind«, schrieb mir Martin Werth und fragte zugleich an, ob ich mir vorstellen könne, davon zu berichten und das dahinterstehende Konzept zu erläutern. »Solche Wegerfahrungen kann man nicht schriftlich vermitteln – man erlebt sie nur auf dem Weg!«, dachte ich sogleich – und zögerte mit der Zusage. Welchen Sinn hat es dann, wenn ich nun doch etwas schreibe? Zwei Gesichtspunkte haben mich schließlich dazu bewogen:

Zunächst möchte ich erzählen, was mich inspiriert hat, geistliche Pilgerwege anzubieten oder wie ich das dahinterstehende Konzept selbst erlebt habe. Dann möchte ich einige Hinweise zur Vorbereitung und Durchführung von Pilgerwegen geben – vorwiegend am Beispiel des Weges zur Quelle.

Die Bibel entfaltet sich »auf dem Weg«

»Nicht das Vielwissen sättigt die Seele, sondern das Verspüren und Verkosten der Dinge von innen her.« Dieser Satz von Ignatius von Loyola bündelt die Entwicklung des Tagungsstils im Geistlichen Zentrum Kloster Bursfelde. Im Lauf der Jahre wurde uns zunehmend deutlich: Gott bringt sich von selbst ins Spiel! Wir brauchen nur den Raum offen zu halten.

Einige Schlüsselerlebnisse öffneten unsere Wahrnehmung für dieses Phänomen. So etwa die Begegnung mit geistlichen Pilgerwegen, die Heinz Strothmann und ich ab 1985 über den kleinen Glaubenskurs »Cursillo« kennenlernten. Heinz sagte daraufhin treffend: »Hier gönnt man einem Bibeltext die frische Luft.«

Was geschieht auf diesen Pilgerwegen? Man lässt eine biblische Weg-Geschichte oder einen Psalm sich auf dem Weg entfalten, indem man die einzelnen Szenen an markanten Orten liest, die das Geschehen auf ihre Weise illustrieren. So z. B. »Und ob ich schon wanderte im finstern Tal, fürchte ich kein Unglück, denn du bist bei mir…« (Ps 23,4) in einem engen Tal, an dessen Hängen einige Bäume vom Sturm entwurzelt bis über den Weg liegen. Erklingt derselbe Vers hingegen in einem Tal an der ehemaligen innerdeutschen Grenze, unmittelbar neben einem schwarz-rot-goldenen DDR-Grenzpfosten, löst er vielleicht andere Assoziationen aus. So aktualisiert der heutige Ort das biblische Geschehen auf seine je eigene Weise.

Das heißt, auf diesen geistlichen Pilgerwegen bringt man drei Komponenten miteinander ins Spiel: das biblische

Wort, den Ort, an dem es erklingt, und die innere Befindlichkeit der einzelnen Teilnehmer, in deren aktuelle Lebenssituation diese Begegnung gerade trifft.

Dabei kann es geschehen, dass 30 Menschen gleichzeitig am selben Ort 30 unterschiedliche Gottesbegegnungen erleben. Entscheidend ist es, darauf zu vertrauen, dass Gott sich bei diesem Wechselspiel einbringt, ohne dass ich dabei noch predigen muss. Ich brauche dem Geschehen nur Raum zu gewähren. »Glauben erleben« nennen wir es im Cursillo. Nochmals: »Nicht das Vielwissen sättigt die Seele, sondern das Verspüren und Verkosten der Dinge von innen her.«

Zwischen Natur und Innenraum

Natürlich ist es eine große Hilfe, diese Wege in schöner, vielgestaltiger Natur anzusiedeln. »Psalm 23 ist wohl in Bursfelde geschrieben worden!«, habe ich oft zu hören bekommen. Aber auch inmitten einer Großstadt kann man geistliche Pilgerwege begehen. Wichtig ist dabei, sich der Umgebung bewusst zu stellen: wahrnehmen, ungeschönt! Auch den Lärm oder städtische Problemzonen nicht auszublenden, wenn man z. B. mit der Geschichte vom »verlorenen Sohn« (Lk 15) unterwegs ist. Aber in der Natur fällt es bedeutend leichter, sich einzulassen und konzentrierter wahrzunehmen, weil man nicht so stark abgelenkt wird. Und beim Anblick einer Wildschweinsuhle kann ich auch im Wald alle Exzesse des verlorenen Sohnes assoziieren.

Pilgerwege können auch in geschlossenen Räumen begangen werden: Ein heftiger Starkregen unmittelbar vor dem Start zu einem Cursillo-Pilgerweg zwang uns dazu, kurzfristig die Stationen aus der Natur in der Klosterkirche anzusiedeln (es war die Emmausgeschichte, Luk 24). Der Regen hielt noch an, als die neue Wegfindung abgeschlossen war. Während der Begehung des Pilgerweges schlug Wasser durch die Kirchenfenster, lief an den Wänden herab und untermalte die verzweifelte Situation der Jünger unterwegs nach Emmaus. »Herr, ich danke dir für den Wolkenbruch, der mir diese unvergessliche Begegnung mit der Emmaus-Geschichte bescherte«, betete ein Teilnehmer beim Abschluss des Kurses.

Ein Konzept in Bewegung

Für uns war das ein Aha-Erlebnis: »Das ist möglich in unserer Klosterkirche!« Zugleich war es eine Initialzündung: Wir entdeckten, dass diese Kirche in ihrer vielgliedrigen Gestalt und eindrücklichen Ausstrahlung so viele Anknüpfungsmöglichkeiten bietet, dass man jede biblische Geschichte hier verorten und begehen kann. Daraufhin begannen wir, manche unserer Gottesdienste als geistliche Pilgerwege zu gestalten. Schließlich entwickelte sich die Bursfelder Gestalt des Nachtgebetes als Pilgerweg – singend mit Kerzen durch den stockdunklen, leeren Kirchenraum. (Dies ist übrigens aus purer Verzweiflung entstanden: Weil sich ein Vikarskurs bei einer Einkehrwoche partout nicht auf »Sitzen in Stille« einlassen wollte, kam mir schließlich die Idee, mal ein »Wandelgebet« auszuprobieren.)

Das »dahinterstehende Konzept« ist also *nicht* am Schreibtisch entstanden, sondern den durch »Cursillo« empfangenen Impuls des geistlichen Pilgerweges haben wir auf dem Weg Schritt für Schritt über die Jahre weiterentwickelt. Wir hatten die starke Wirkung von Bibelworten und ihrer Verortung im Raum sowie dem persönlichen »Sich von diesem Geschehen betreffen lassen« erfahren. Das Echo der Teilnehmenden unterstrich und verstärkte unsere Wahrnehmung.

Praktisch

Wenn Sie einen Bibeltext »unter die Füße nehmen« wollen, dann hängt fast alles daran, einen Weg zu finden, auf dem Sie genau diese biblische Geschichte gut verorten bzw. diesen einen Bibelvers gut entfalten können: »Wo gibt es in meiner landschaftlichen Umgebung einen Bereich, der diesen Text vielleicht sogar illustriert?« »Bietet der Weg die Möglichkeit, dass die Szenen der Geschichte sich fortlaufend an markanten Stationen möglichst von selbst interpretieren?« Denn: Der Ort holt ab und kann das Herz aufschließen! Deshalb ist es vor allem wichtig, »starke Orte« zu suchen.

Der Rest ist dann schnell ergänzt:

- Vor allem dem biblischen Wort bei der gestalterischen Umsetzung folgen, z. B. wenn es in der Geschichte von Jakobs Kampf mit dem unbekannten Mann am Jabbok

(1. Mo 32,23) heißt: »Und Jakob stand auf in der Nacht …« dann eben auch zu der Zeit aufstehen, dass man einerseits den Weg zum Grenzfluss im Dunkeln zurücklegt – und sich andererseits die Geschichte dort so lange entfaltet, »bis die Morgenröte anbrach.« (1. Mo 32,27). Oft spielt uns der Handlungsverlauf der biblischen Geschichte zusätzliche – hier z. B. zeitliche – Angaben zu, die sich zu beachten lohnen.

- Den Weg schweigend gehen! Es sei denn, in der Geschichte erfolgt direkt eine Einladung zum Gespräch, wie z. B. bei den Emmaus-Jüngern (Lk 24,17): »Was sind das für Dinge, die ihr miteinander verhandelt unterwegs?« – Da liegt es nahe, diesen Impuls aufzugreifen und zum Gespräch in Zweiergruppen auf dem nächsten Wegabschnitt einzuladen.
- Nach oder vor jedem Stations-Impuls einen einfachen Wiederholungsgesang singen (fünf bis sieben Mal wiederholen). Taizé-Lieder sind dazu besonders geeignet. Es empfiehlt sich, auf dem gesamten Weg nur ein einziges Lied zu verwenden. Das prägt sich ein, verbindet sich in der Erinnerung mit dem Weg, sodass ich auch nach Jahren, wenn ich an diesen Pilgerweg denke, oft das Lied in mir nachklingend vernehme. Wichtig: keine Liedblätter verteilen! Die stören nur und lenken ab. Stattdessen »*by heart*« singen!

Der Weg zur Quelle

Es kann auch geschehen, dass ich nur einen einzigen Bibel-Vers begehe und dabei *das darin enthaltene Thema* entfalte. So ist es bei dem »Weg zur Quelle«, anhand von Offenbarung 21,6b: »Ich will dem Durstigen geben von der Quelle lebendigen Wassers umsonst.«

Zunächst betrachte ich dieses Wort und wäge es hin und her: Hier ist von jemandem die Rede, der danach dürstet, Wasser zu trinken, und zwar lebendiges. Und Gott verspricht, dass er es ihm gibt – geschenkt, umsonst! – direkt aus der Quelle. Das Dürsten nach lebendigem Wasser zeigt sich mir in der Suche nach erfülltem, wahrem Leben.

Wenn ich mir nun eine Quelle anschaue, so sehe ich, dass das Wasser daraus weiterfließt. Es verströmt sich im Bach. Mit anderen Worten: Auch der Bach gehört zur Quelle.

Auch hier begegnet dem Durstigen/Suchenden lebendiges Wasser. Nicht erst an der Quelle, sondern bereits auf dem Weg. Aber das Verkosten des lebendigen Wassers (»Schmecket und sehet, wie gut ist der Herr!«) zieht uns immer weiter bergauf – hin zur Quelle selbst.«

Solche und ähnliche Assoziationen kommen mir beim Vorbereiten. Das erzähle ich aber nicht auf dem Pilgerweg. Sonst würde ich ja wieder predigen und nicht Raum lassen für das je eigene Begegnungserleben an den Stationen. Aber die Assoziationen beeinflussen mich beim Suchen der Stationen am Weg. Zum Auffinden der Stationen, die das Thema des Weges entfalten, achte ich auf den Verlauf des Baches. Ich kenne sie noch nicht, bevor ich den Weg erkunde. Aber der Bach spielt mir die Stationen zu.

Wenn ich den Bachlauf mit meinem Lebenslauf in Verbindung bringe, so heißt das: Wenn Gott selbst die Quelle allen Lebens ist, dann kommt Gott selbst dem Suchenden im Lauf seines Lebens entgegen – dann begegnet Gott dem Suchenden in allem. Und der das Leben Suchende dürstet zutiefst nach Gott.

Deshalb werde ich beim Einstieg in den Weg zur Quelle die Teilnehmenden auf diesen Zusammenhang kurz hinweisen: den *Bachlauf – meinen Lebenslauf – Gott in allem.* Und deshalb werde ich einladen wahrzunehmen: Gott ist da! Nicht nur im Schönen, Leichten, sondern in allem.

Alfred Delp – wie Dietrich Bonhoeffer im Widerstand gegen den Nationalsozialismus – drückt das zwei Monate vor seiner Hinrichtung so aus: »Die Welt ist Gottes voll. Aus allen Poren quillt er gleichsam uns entgegen. Wir aber sind oft blind. Wir bleiben in den schönen und in den bösen Stunden hängen und erleben sie nicht durch bis an den Brunnenpunkt, an dem sie aus Gott herausströmen. Das gilt für alles Schöne und auch für das Elend. In allem will Gott Begegnung feiern …«

Welches Lied kreist um dieses Geheimnis? Oft habe ich gewählt: »Wechselnde Pfade – Schatten und Licht: Alles ist Gnade! Fürchte dich nicht.«

Wenn wir das andere Lied gesungen haben: »In dunkler Nacht woll'n wir ziehen, lebendiges Wasser finden. – Nichts als der Durst soll uns leiten – nichts als der Durst soll uns leiten«, dann sind wir, wie es Martin Werth miterlebt hat, »im Morgengrauen« zur Quelle aufgebrochen.

Stationen der Begegnung

Der Steimcke-Bach, mit seinem weit gerühmt reinen Wasser in einem engen, romantischen Tal des Bramwaldes, nahe Bursfelde gelegen, spielte uns *seine* Stationen zu, von denen ich ein paar exemplarisch benennen möchte:

- Äste und Zweige eines umgestürzten Baumes liegen im Bach. Das Wasser hat unterschiedliche Wege gefunden, damit umzugehen: Es geht darüber hinweg, mit Power rechts vorbei, still links vorbei oder unauffällig drunter durch …
  »Wie gehe ich mit *Hindernissen/Widerständen* in meinem Leben um?«
- Der laut rauschende Bach zweigt einen kleinen, ruhigen Teich ab. Ein Bild für die Spannung zwischen *Ruhe* und *Bewegung*.
  »Wie verhalten sich bei mir Mitgerissenwerden im Strom des Alltags und Besinnung?«
- Auf dem nächsten Wegabschnitt sehen wir *Einflüsse*, die den Bach speisen. Mal deutlich – mal kaum zu erkennen.
  »Wer oder was hat mich beeinflusst?« – »Wer oder was beeinflusst mich heute?« – »Auf welche Einflüsse schaue ich dankbar zurück?«
- Eine besonders enge Stelle des Bachlaufes erinnert an den Zusammenhang von Enge und *Angst*. Der Bachlauf zeigt: Da, wo es eng wird, bekommt der Fluss des Wassers besonderen Schwung.
  »Wie gehe ich mit meiner Angst um?«
- Die »Franzosenbrücke« knüpft in eindrücklicher Weise

an unsere Sehnsucht an: Auf einer Steintafel an einer Brücke entdecken wir halb verwitterte französische Namen. Französische Kriegsgefangene mussten nach dem Krieg 1870/71 diesen Weg am Bach entlang bauen – mitsamt der Brücke. Nach Feuer und Flamme für eine große Veränderung war nur die Asche der *Enttäuschung* geblieben. Enttäuscht werden, aus einer Täuschung aufwachen – wer kennt das nicht? »Welche Enttäuschungen in meinem Leben werden jetzt wach?« – »Wie bin ich mit ihnen umgegangen?«

- Der kleine Quellteich oben am Berg erinnert uns an das Ziel unserer Sehnsucht, an Gott und zugleich an den Ursprung unseres geistlichen Lebens, die Taufe: Als wir noch gar nichts dazu tun konnten, hat Gott uns schon mit lebendigem Wasser aus der Quelle beschenkt – umsonst! Und auch, wenn wir erwachsen und mit bewusstem Ja, leidenschaftlich die Taufe begehrt haben, so hat Gott uns doch das lebendige Wasser umsonst geschenkt.
  Bei der Ankunft an der Quelle singen wir nochmals das Lied des Weges, dann halten wir hier eine *Tauf-Erinnerung*: »Fürchte dich nicht, denn ich habe dich erlöst. Ich habe dich bei deinem Namen gerufen, du bist mein!« (Jes 43,1).
  Diese große Verheißung Gottes vergegenwärtigen wir uns neu (allerdings auch hier nur stichwortartig – möglichst kurz gefasst!): »Bei deinem Namen gerufen«, das heißt unverwechselbar, originell! In dem griechischen Wort für Vollmacht, *ex-ousia*, klingt das mit an: »aus dem Wesen heraus«.
  Das heißt wir brauchen nur das uns geschenkte Wesen

(mit unseren Gaben und unseren Grenzen) für Gott einzusetzen, dann leben wir unsere Berufung so, wie Gott uns gewollt und gemeint hat. Dann wird unser Leben vollmächtig. Mehr braucht es nicht. Gott spricht uns diese Verheißung auch heute wieder zu.
Deshalb brauchen wir uns auch nicht zu fürchten – wir gehören ja zu ihm!
Das Vergegenwärtigen der Verheißung geschieht meist so: Wir knien rund um den Quellteich nieder, schöpfen das Wasser mit der Hand aus der Quelle und beschenken uns gegenseitig mit einem Kreuzzeichen aus Wasser (in die geöffnete Hand oder auf die Stirn). Dabei sprechen wir uns mit dem Jesaja-Vers oder mit freien Worten dieses absolute Ja Gottes zu unserem Da-Sein und unserem So-Sein zu.
Ein Dankgebet – ein Lied (entweder noch einmal das Lied des Weges oder z. B. »Du willst die Fülle des Lebens mir geben; du bist der Weg und die Wahrheit, das Leben!« nach der Melodie des Taizé-Liedes »oculi nostri ad dominum deum«) und der Segen schließen die Tauferinnerung ab. Fröhlich miteinander redend – oder bewusst schweigend und das Erlebte nachklingen lassend geht es den Weg bergab am Bach entlang zurück.

Dass wir in Bursfelde auf den Schatz »geistliche Pilgerwege« gestoßen sind, erwies sich als ein großes Geschenk Gottes, das sich dort auch heute noch ständig und lebendig erneuert. Auch auf diese Entdeckung trifft Offenbarung 21,6 zu: »Ich will dem Durstigen geben von der Quelle lebendigen Wassers – umsonst!«

Den Durst für immer gestillt

Stundenentwurf für einen Haus- oder Frauenkreis zu Joh. 4,5-30

Martina Walter

Eine gestaltete Mitte auf dem Fußboden oder auf dem Tisch (je nach Sitzordnung) vorbereiten, bestehend aus einem blauen Tuch, einem Wasserkrug und eventuell einem kleinen Zimmerbrunnen oder einem angedeuteten Brunnen aus Steinen.

Sonstiges Material: Kleine Zettel und Stifte; evtl. Postkarte »Die Frau am Jakobsbrunnen von Sieger Köder (Bestelladresse: Kunstverlag Ver Sacrum, www.versacrum.de).

Wir wollen uns in einem Dreischritt mit dem Bibeltext auseinandersetzen:

1. Für Jesus ist jeder von Bedeutung
2. Leben an der Quelle
3. Leben aus der Quelle

Einstieg

Erste Gesprächsrunde mit der Frage: Erinnern Sie sich an eine alltägliche Begegnung, die ungewöhnlich oder überraschend verlaufen ist? Vielleicht ist auch etwas Besonderes daraus entstanden. Wir erzählen dieses Erlebnis in der Gruppe (oder in Kleingruppen).

Bibeltext wahrnehmen

Um eine besondere Begegnung geht es auch in unserem Bibeltext Joh 4, 5-30. Wir lesen den Text in verteilten Rollen: Erzähler, Jesus, Samariterin, Jünger. (Es könnte hilfreich sein, den Text für die vier Leser zu kopieren und die jeweiligen Lesepassagen farbig zu markieren.)

Gesprächsimpuls

Wir sammeln miteinander Antworten auf die Fragen:
- Wie viel Zufall steckt in dieser Begegnung?
- Was ist ungewöhnlich an dieser Begegnung?

Ungewöhnliche Begegnung

- Jesus geht durch Samaria. Normalerweise ging eine Jude nicht durch Samaria, weil es eine tiefe Feindschaft zwischen Judäa und Samaria gab.

- Die Frau geht in der Mittagshitze an den Brunnen, wahrscheinlich um den anderen Frauen des Dorfes nicht zu begegnen.
- Jesus spricht die Frau an. Ungewöhnlich,
  … denn ein Jude spricht nicht mit einem Samariter.
  … denn ein Mann spricht nicht mit einer fremden Frau.
  … denn ein jüdischer Rabbi spricht nicht mit einer aus dem Heidenvolk.

Jesus überwindet in dieser Begegnung also nationale, soziale und theologische Grenzen.

1. Für Jesus ist jeder von Bedeutung

Auf der Suche nach Liebe hatte die samaritanische Frau viel Not und immer wieder neue Verletzungen erlebt. Und doch hatte sie immer wieder neue Versuche gewagt. Es waren Hoffnungen, die dann doch zu neuen Enttäuschungen führten. Viele Wunden hatte ihr das Leben geschlagen. Die Nachbarn im Dorf brachten ihr schon längst keine Achtung mehr entgegen. Sie hatte die gesellschaftlichen Normen der damaligen Zeit schon lange überschritten. Man schaute auf sie herab, ging ihr aus dem Weg und vielleicht musste sie sich auch Spott oder ausgrenzende Bemerkungen gefallen lassen. Vielleicht hatte sie auch schon alle Achtung vor sich selbst verloren. So ging sie den anderen aus dem Weg und in der Mittagshitze zum Brunnen, um Wasser zu holen und nicht den verachtenden Blicken und Bemerkungen ausgesetzt zu sein.

Dort begegnet sie Jesus. Kein Zufall. Er musste zu ihr, weil er einen durstigen Menschen zur Quelle des Lebens führen will. Jesus erweist sich in seinem Handeln als derjenige, der nicht nach dem handelt, was »man« üblicherweise tut, sondern der aus der Beziehung zu Gott heraus handelt. Deshalb ist er dort am Brunnen und schaut diese Frau und ihr Leben an. Und er sieht sie mit den Augen der Liebe an. Ohne zu zögern, spricht er die Frau an und bittet sie um Wasser. Damit bringt er ihr Wertschätzung und Würde entgegen. Die Frau weist ihn kurz und ganz pragmatisch auf die Unmöglichkeit seiner Bitte hin, da er kein Gefäß zum Schöpfen dabei hat. Und doch folgt sie äußerlich und innerlich der einladenden Art Jesu.

Das Gebot der Stunde heißt in dieser Begegnung: »Der Mensch sieht was vor Augen ist, der Herr aber sieht das Herz an« (1. Sam 16,7). Jesus sieht, hier kommt ein Mensch, der auf der Suche ist, süchtig nach Leben, Liebe, Glück, Erfüllung. Und er spricht sie an der Stelle an, wo ihre ungestillte Sehnsucht ihr am meisten Schmerzen bereitet. »Hol deinen Mann!«

Jesus gibt Ruf und Ansehen auf, damit diese Frau wieder Ansehen erhält und im Angesicht Gottes leben kann. Für Jesus gibt es keinen Menschen, der nicht Bedeutung hätte. Er begegnet uns vorurteilsfrei.

2. Leben am Brunnen

Jesus sieht den Menschen ins Herz und erkennt diese Frau mit ihrem ungewöhnlichen Lebensstil und den Folgen dieses Lebens. Er spürt den Durst nach Leben und Erfüllung, und auf dieser Ebene will er ihr begegnen.

Die Frau ist zunächst verblüfft, dass Jesus die verschiedenen Barrieren, die diesem Gespräch im Wege stehen, durchbricht und sie anspricht. Er öffnet sich der Frau und weist auf die Frage hin, die der Mittelpunkt des ganzen Gesprächs sein soll: »Wenn du erkenntest die Gabe Gottes und wer der ist, der zu dir sagt: Gib mir zu trinken …« (V. 10).

Wenn du doch erkennen würdest wer Jesus für dich ist, dann hättest du den Ort gefunden, an dem all deine Bedürfnisse und Sehnsüchte gestillt werden können.

Impuls: Jede/r Teilnehmer/in denkt über folgende Fragen nach: Habe ich eigentlich schon erkannt, was Jesus schenken will? Haben seine Geschenke Auswirkungen auf mich, mein Leben und meinen Alltag? Die »Geschenke« kann man auf kleine Zettel schreiben und in die Mitte, um den Brunnen legen. Wer mag, darf auch laut sagen, was er in der Stille entdeckt hat.

3. Leben aus der Quelle

Das Problem der Samariterin war Leere, innerer Durst nach Liebe, Erfüllung, Anerkennung. Doch in der Begegnung mit Jesus hört sie von einem neuen Angebot – »lebendiges Wasser« (V. 11-12) – nicht mehr Brunnen-, sondern Quellwasser! Die Frau, auf der Suche nach Erfüllung, Liebe und Geborgenheit, wurde mit jedem Schritt leerer und ausgebrannter. Man kann mit den täglichen Sorgen, Wünschen, Sehnsüchten und Arbeiten so beschäftigt sein, dass die Seele verwahrlost.

Jesus möchte zum echten Leben führen und uns erfrischen, erquicken – Lebenserneuerung schenken. »Wer aber von dem Wasser trinken wird, das ich ihm gebe, den wird in Ewigkeit nicht dürsten, sondern das Wasser, das ich ihm geben werde, das wird in ihm eine Quelle des Wassers werden, das in das ewige Leben quillt« (V. 14).

Diese ungewöhnliche Behauptung Jesu, dass er ihr Wasser für ihr Leben geben könnte, macht sie neugierig. Mit wem hat sie es hier eigentlich zu tun? Nun ist Jesus bei seinem Thema. Er will, dass die Samariterin zur Erkenntnis der Wahrheit kommt. Nach und nach versteht die Frau, dass Hilfe für ihre Not nicht durch materielle Dinge geschehen kann. Es gibt nur eine geistliche Lösung. So kommen die beiden Gesprächspartner zum wunden Punkt im Leben der Samariterin: »Hol deinen Mann« (V. 16). Die Samariterin bleibt dabei, obwohl das Gespräch nun auf eine sehr persönliche Ebene kommt. Sie antwortet ihm mit einer Halbwahrheit (V. 17). So muss sie nicht die ganze Wahrheit, die ganze unangenehme Geschichte erzählen und muss trotzdem nicht ausweichen. Jesus tadelt sie nicht für das, was sie verschweigt, sondern er würdigt die halbe Wahrheit und deckt die Situation weiter auf.

So wie Jesus hat wahrscheinlich noch nie jemand mit der Frau gesprochen. So hat noch niemand ihre Schuld beim Namen genannt und sie dabei doch so liebevoll angenommen. Wenn wahr sein darf, was wahr ist, wird Entfaltung echten Lebens möglich.

Aktion: Jede/r Teilnehmer/in bekommt die Karte »Die Frau am Jakobsbrunnen« von Sieger Köder und betrachtet sie für einen Moment in der Stille. Auf diesem Bild schaut die Frau in den Brunnen, in die Tiefe, in die Ungewissheit, in die Angst und in die Einsamkeit. Und auf dem Wasser im Brunnen spiegelt sich ihr Gesicht und das Gesicht Jesu. Mit Jesus kann ich in die Tiefe schauen. Dort kann Verborgenes offenbar werden.

Aktion: Als Symbol für das Schwere und Belastende im eigenen Leben legt jede/r, die/der möchte, einen Stein zum »Brunnen«.

Von dem Wasser zu trinken, das Jesus gibt, das bedeutet in Ewigkeit nicht dürsten, sondern die Quelle des Lebens zu entdecken. Nicht mehr nur für einen Moment wird der Lebensdurst gelöscht, sondern wir dürfen ständig an die nie mehr versiegende Quelle angeschlossen sein.

Leben aus der Quelle heißt, an die Kraftquelle angeschlossen zu sein:

- mit Gott im Alltag rechnen,
- mit Gott rechnen in den Unzulänglichkeiten des Lebens,
- Erfahrungen machen mit Gott – auch Grenzerfahrungen,
- Hoffnung schöpfen,
- Hoffnungsträger für andere sein. Die Samariterin erzählt die gute Nachricht weiter. So will Gott uns als Wegweiser zur Quelle gebrauchen.

Impuls: Wir nehmen uns eine Zeit der Stille und denken darüber nach, was wir nach dieser Bibelarbeit in unseren Krug füllen und mitnehmen. Nach der Stille tauschen wir uns kurz darüber aus.

Zum Abschluss kann das Lied »Leben aus der Quelle« gesungen werden (Text und Melodie: Lukas di Nunzio 1995 SCM. 71087 Holzgerlingen).

Darauf kannst du dich verlassen

Stundenentwurf für junge Erwachsene

Bernd Pfalzer

Dieser Stundenentwurf zeigt, dass man sich auf Gottes Zusage verlassen kann. Darum können wir als Christen auch in schweren oder stressigen Zeiten voller Zuversicht sein. In Gottes Nähe können wir Kraft tanken und unsere Sehnsucht nach Gerechtigkeit, Leben und Fülle stillen.

Situation junger Erwachsener

1. Sehnsucht nach heiler Welt

Die Verse rund um die Jahreslosung können bei jungen Erwachsenen sowohl auf persönlicher Ebene als auch global betrachtet eine tiefe Sehnsucht nach einer besseren, heilen Welt ansprechen. Die jungen Erwachsenen dürsten einerseits nach Frieden und Gerechtigkeit. Sie streben eine offene Gesellschaft an, in der Menschen aller Rassen und Klassen einen Platz finden. Und andererseits sehnen sie sich persönlich nach mehr Freiheit (wie in der Jugendzeit), denn plötzlich haben sie mehr Verantwortung und Pflichten. Viele wollen das perfekte Leben. Junge Erwachsene haben laut der Zeitschrift *Neon* »noch nie so hohe und unrealistische Erwartungen an ihr Leben gestellt: Der Partner muss ein Seelenverwandter sein, der Beruf eine Berufung, die Freizeit möglichst international und angenehm«.[8] Es drängt sich die Frage auf, wie solche Sehnsüchte und Erwartungen überhaupt gestillt werden sollen. Im Hinblick auf die Jahreslosung kann nachgefragt werden, wo wir in der Gefahr stehen, nur aus zweiter Hand zu leben und von dieser Welt alles zu erwarten. Was hilft uns, unseren »Lebensdurst« aus erster Hand, bei Jesus, zu stillen?

2. Mannigfache Entscheidungen

Große gesellschaftliche Umbrüche und Veränderungen wie die Gemeinden, an die die Offenbarung gerichtet ist, erleben junge Erwachsene auch heute. Nur anders gelagert. Während bei den Eltern der heutigen jungen Erwachsenen Lebensentwürfe noch wesentlich stärker vorgezeichnet waren, sehen sich junge Erwachsene von heute in allen Lebensbereichen mit zunehmenden Optionen konfrontiert, die zum einen eine große Freiheit, gleichzeitig aber auch einen Entscheidungsdruck und -zwang verursachen. Junge Erwachsene dürfen und müssen (in genau dieser Ambivalenz) ihre Lebensbiografie jenseits traditioneller Herkunftsmilieus, Orientierungsmuster und vorgegebener Selbstverständlichkeiten in die eigene Hand nehmen. Auf der einen Seite erweitert dieser Prozess die Wahlmöglichkeiten und damit auch die Chancen junger Erwachsener,

---

8 Haaf/Bauer in: Neon 05/2012, Wenn ich mal groß bin, S.29.

ein individuelles und selbstbestimmtes Leben zu entwickeln und sich freier zu einer Persönlichkeit zu entfalten. Andererseits verursacht das auch eine zunehmende Orientierungslosigkeit, da Wertmaßstäbe und Kriterien vom Individuum selbst gefunden werden müssen. Die Multioptionalität, gepaart mit der folgenden Ratlosigkeit, bindet die Kräfte junger Erwachsener, da die Fülle der zu beachtenden Aspekte und Informationen für viele ein unüberschaubarer Dschungel ist. Das betrifft sowohl banale Entscheidungen (wie z. B. den Kauf eines neuen Smartphones) wie weitreichende (wie z. B. die Berufs- oder Partnerwahl).

3. Viel Stress – viel »Durst«

Vieles geht im Alltag unter, ganz besonders bei jungen Leuten, die in sich ständig verändernden Welten leben. Umzug, Studium, Ausbildung, Jobsuche, neue Beziehungen, Partnerschaft, Familie, Freizeit … – das alles will erst einmal unter einen Hut gebracht werden. Der Alltag verlangt viel ab in der »Rush-Hour des Lebens«. Manche leiden unter Stress, Leistungsdruck, Orientierungslosigkeit, Schlafmangel und stetigen Veränderungen der Lebenssituation. Hier bleibt häufig ein großer Durst nach wirklichem Leben zurück und nicht viel Zeit zum Auftanken oder Stillwerden.

Stille Zeiten können Durstlöscher für die Seelen sein und Orte der Gottesbegegnung schaffen, die den Alltag junger Erwachsener kraftvoller und lebendiger machen.

Gottes Lebenswasser wird uns geschenkt – ohne Frage! Aber damit man dieses Geschenk im bunten Treiben des Alltags nicht vergisst oder gar übersieht, brauchen wir

Orte, um Gott bewusst zu begegnen. Mit der Jahreslosung können junge Erwachsene dazu ermutigt werden. Sie sollen auf ihr durstiges Herz hören und ihm das geben, was es braucht. Ruhe, Zuspruch und Ausrichtung …

Methodische Bausteine für die Gruppe

1. Einstieg

Getränke-Bar

Baut eine kleine Bar auf, an der ihr zu Beginn (oder auch anschließend) sitzen könnt. Hier können erfrischende Getränke, einfache Fruchtsäfte oder aufwendigere Smoothies in verschiedenen Variationen angeboten werden.

Standbilder

Anschließend oder alternativ könnt ihr als Hinführung zum Thema eine Aktion durchführen: Es geht darum, dass die Teilnehmenden die zentralen Begriffe der Jahreslosung »Durstig, Quelle, Lebendig, Umsonst« selbst deuten.

Teilt euch in vier Kleingruppen auf. Jede Kleingruppe bekommt einen Begriff zugeteilt und sammelt dazu zunächst Assoziationen (Synonyme, Gefühle, Erfahrungen, Definitionen, Gegenteil des Begriffs …). Wenn ihr wollt, dann formuliert eure eigene Erklärung auf einem Blatt Papier. Danach überlegt sich jede Kleingruppe ein Standbild dazu.

Stellt euer Standbild vor den anderen Kleingruppen dar. Lasst nun die anderen kommentieren, welchen Begriff ihr darstellt, und was dieser Begriff eurem Standbild nach beinhaltet und bedeutet.

Lasst eine Person aus eurer Kleingruppe danach erläutern, was ihr euch mit eurem Standbild gedacht habt.

Diese Aktion eignet sich gut zum Einstieg, bevor das Thema bekanntgegeben wird. Anschließend kann dann versucht werden, die vier Hauptbegriffe zu einem Satz zusammenzufügen. Bestimmt kommen dabei einige auf die Jahreslosung.

2. Begegnung mit der Jahreslosung

Überleitung

In der diesjährigen Jahreslosung geht es um unsere Sehnsucht und Gottes Quelle.

Gott spricht: »Ich will dem Durstigen geben von der Quelle des lebendigen Wassers umsonst.«

Aktionen

An dieser Stelle kann eine weitere kreative Aktion durchgeführt werden:

Variante A: bildhaft

Wählt aus eurer/einer Bilderdatenbank Motive aus, die das Thema Durst aufgreifen. Die ausgedruckten Motive werden ausgelegt und jede Person wählt eine Karte, die sie am meisten anspricht, nachdenklich stimmt etc. Es folgt ein kurzer Austausch darüber.

Variante B: stille Diskussion

Die Jahreslosung wird groß auf einen großen Bogen Papier geschrieben. Die jungen Erwachsenen sitzen im Kreis darum und schreiben Gedanken auf den Bogen. Diese Gedanken können schriftlich kommentiert oder weitergedacht werden.

Variante C: Bildmediation

Ihr teilt an dieser Stelle Motivkarten zur Jahreslosung aus[9]. Lasst die jungen Erwachsenen in Ruhe den Vers und die Karte betrachten und in Zweiergruppen über ihre Eindrücke sprechen: »Welche Assoziationen weckt die Karte bei dir?«

Variante D: Durstlöscher-Worte

Lest Bibelverse, die von einer (Kraft-)Quelle mit einer ganz besonderen Qualität berichten. Jede Person liest einen Vers und teilt ihre Gedanken mit. Sprecht anschließend darüber, was euch persönlich, die Gruppe oder die Gemeinde austrocknen lässt. Was stillt diesen Durst?

Mögliche Bibelverse: Jes 49,10; Jes 55,1; Mt 11,28; Joh 4,14; Joh 6,35; Joh 7,37; Joh 7,38; Joh 10,10.

3. Betrachtung des Kontextes

Erklärungen zum Kontext

Um der Bedeutung der Jahreslosung noch mehr auf die Schliche zu kommen, sollte der Kontext beachtet werden. Hier können Anmerkungen aus dem Beitrag von Martin Werth (S. 10ff) aufgegriffen werden.

Bibellesen: Zerschnittener Text

Ein Mitarbeitender liest nun Offb 21,1-6 vor, die anderen haben den Text nicht vor sich. Anschließend werden Kleingruppen mit je drei bis vier Personen gebildet. Jede Gruppe bekommt den Bibelabschnitt in kleine Zettel

9 Beispielsweise vom Born-Verlag (http: / / shop.bornverlag.de).

(Sätze, Sinnabschnitte) zerschnitten ausgeteilt. Zunächst soll der zerschnittene Text in die richtige Reihenfolge gebracht werden.

Im nächsten Schritt soll jede Person einen Zettel nehmen, der sie besonders anspricht oder berührt, der sie ärgert oder herausfordert. Danach teilt man einander mit, warum man gerade diesen Zettel ausgewählt hat. Wichtig ist, dass zunächst jede Person den eigenen Zettel vorstellen kann und noch nicht diskutiert wird. Erst danach besteht die Gelegenheit, die Aussagen der anderen zu ergänzen.

Abschließend können zu kurz gekommene Aussagen hervorgehoben werden: »Auf diese Aussage sind wir noch nicht eingegangen. Warum nicht?«

4. Vertiefung

Mit einigen Fragen können einzelne Aspekte und Aussagen vertieft und diskutiert werden.

Fragen zum Textverständnis

- Die Christen, an die der Brief geht, haben kein leichtes Leben. Was soll ihnen die Offenbarung bringen?
- Hier wird von einer Neuschöpfung und nicht von einer Veränderung der bestehenden Welt gesprochen: Warum reicht eine Auffrischungskur der alten Welt nicht?
- Was bedeutet es, dass das Meer nicht mehr da ist?
- Welche Bedeutung hat es, dass das neue Jerusalem aus dem Himmel »herabkommt«?
- Wer redet hier eigentlich?
- Was bedeutet »lebendiges« Wasser?

Fragen aus dem Text heraus für heute

- Welche Erfahrungen habt ihr im Allgemeinen mit der Offenbarung gemacht?
- Hast du schon einmal eine für dich klare Vision oder einen Traum von Gott geschenkt bekommen?
- Was bringt es dir, wenn du mit der Aussicht auf einen neuen Himmel und eine Erde lebst? Ist das Jenseitsvertröstung oder Diesseitsflucht?
- Wie stellst du dir das Paradies vor?
- Können wir etwas tun, damit diese neue Welt anbricht? Wenn ja, was?
- Wir leben in der Zwischenzeit zwischen Jesu Auferstehung und Wiederkunft. Wie kann »Living between the now and the not yet« aussehen?
- Welche Sehnsüchte, welcher Durst treibt dich an? Was setzt dich unter Druck? Was stillt deinen Durst?
- Was hilft dir, Gott als Quelle des lebendigen Wassers im Alltag zu erleben? (Offline-Zeiten ohne Technik, Stille, Bibellese, Gebetsspaziergänge, Gottesdienste, Gebetsecke, Predigt-Podcasts oder …)
- Unser Durst nach Leben wird nicht durch unsere Selbstoptimierung oder unseren unerbittlichen Einsatz gestillt, sondern uns durch Gottes Gnade geschenkt. Wie geht es dir damit, dass du hier gar nichts in der Hand hast? – Lässt du dich gerne beschenken oder wirst du eher von dem Sprichwort geleitet »Umsonst ist nur der Tod«?

Impuls

Zu Beginn des Impulses kann das Lied »Lass uns gehen« von Revolverheld eingespielt werden: »Die Stadt frisst die

Ruhe mit flackernden Lichtern, schluckt Tage und Nächte in sich hinein. Gehetzte Gesichter in der drängelnden Masse, jeder muss überall schnell sein.«[10]

In unserer rasanten Welt ist es seltsam, still zu werden und scheinbar nichts zu tun. Wir leben in lauten und schnellen Zeiten. Sind via Twitter, Facebook, WhatsApp, Instagram oder Skype »dauernd erreichbar«. Häufig on und ganz selten off. Ständig im Stand-by-Modus, um nichts zu verpassen. Wir sind gefragt und häufig auf Tour. Wir sind für alles und jeden bereit – aber auch für wirklich wertvolle Zeit? Für die Zeit mit mir und Gott im Jetzt und Hier? Wo finden wir Raum, um zur lebendigen Quelle, zu Gott, zu kommen?

Viel zu oft sind wir versucht, Stille, Begegnung mit Gott, als etwas weniger Wichtiges zur Seite zu schieben nach dem Motto: »Dazu komme ich, wenn ich mal mehr Zeit habe.« Doch ohne Stille läuft unsere Seele zwar weiter, aber sie läuft leer.

Bernhard von Clairvaux, ein großer Mann des Gebets, sagte einmal: »Wenn du vernünftig bist, erweise dich als Schale und nicht als Kanal, der fast gleichzeitig empfängt und weitergibt. Die Schale hingegen wartet, bis sie erfüllt ist. Auf diese Weise gibt sie das, was bei ihr überfließt, ohne eigenen Schaden weiter … Lerne auch du, nur aus der Fülle auszugießen. Und habe nicht den Wunsch, freigiebiger zu sein als Gott.«

Ein wunderbares Bild, wie ich finde. Ich stelle mir dabei

10 https://www.youtube.com/watch?v=VNttGAaek2U.

immer einen römischen Brunnen vor. Ein Brunnen mit einer starken inneren Säule und mit immer größer werdenden Schalen. Gott ist dabei die lebendige, nie versiegende Quelle, die den Brunnen versorgt. Und ich will wie eine Schale an diesem Brunnen sein. Ich will nicht mehr aus mir heraus den letzten Tropfen geben, sondern aus Gottes Fülle leben. Aus der Begegnung mit der Quelle, aus der Begegnung mit Gott zu leben, das ist unsere Bestimmung. Das ist der Herzschlag unseres Lebens, der Beat unserer Seele.

Nirgends bekommt unsere Seele mehr Kraft und unser Leben mehr Ausrichtung als in der Stille vor Gott. Menschen, die sich Stille vor Gott gönnen, gehen kraftvoller, kreativer und freier durchs Leben.

Gott spricht: »Ich will dem Durstigen geben von der Quelle des lebendigen Wassers umsonst« (Offb 21,6).

Nimm dir Zeit für stille Momente, um dich und deine Gefühle besser zu verstehen. Du wirst dich wundern, was sich in dir alles zu Wort meldet. Und dann nimm dir Zeit, auf Gottes Herzschlag zu hören, dich und die Welt mit seinen Augen zu sehen. In Gottes Nähe kannst du Kraft tanken und deine Bestimmung und deinen Platz auf dieser Welt finden. Hier kannst du beständig sein. Hier bist du daheim.

Der Kirchenmann Augustin hat das in einem Gebet so ausgedrückt: »Du hast uns zu dir hin geschaffen, o Herr, und unruhig ist unser Herz, bis es Ruhe findet in dir.«

Herzensgebet

Jede Person sucht sich ein angenehmes Plätzchen im Raum. Setzt euch aufrecht hin, stellt euch auf Gottes Gegenwart ein und bittet ihn, dass er zu euch spricht. Versucht nun Stille auszuhalten und dabei auf euren eigenen Atem (griech. *pneuma* = Geist) zu achten, wie er kommt und geht. Lasst Gedanken kommen und wieder gehen, ohne sie festzuhalten. Nach einer gewissen Zeit könnt ihr euer Atmen mit einem Herzensgebet verbinden. Sprecht innerlich beim Einatmen »Herr Jesus Christus« und beim Ausatmen »erbarme dich meiner«.

Wenn ihr das eine Zeitlang macht, dann könnt ihr erleben, wie es »in euch betet«, und Gott als lebendige Quelle wahrnehmen.

5. Abschluss

In einem offenen Angebot kann ein persönlicher Brief an Gott geschrieben werden im Hinblick auf folgende Fragen:

- Welche Sehnsüchte sollen bei dir gestillt werden?
- Was möchtest du unternehmen, um im Alltag bewusst Gott als Lebensquelle zu entdecken?

Die Briefe werden mit nach Hause genommen oder von einer Person eingesammelt. Am Ende des Jahres werden sie geöffnet bzw. die einzelnen Briefe den entsprechenden Personen zugeschickt. Wie hat uns die Jahreslosung das Jahr über begleitet? Welcher Lebensdurst wurde gestillt? Wo habe ich Gott und meinen Glauben sehr lebendig erlebt?

Um die Gedanken für den Alltag zu konkretisieren und die Teilnehmenden zu ermutigen, kann hier das Angebot geschaffen werden, mit und für sie zu beten und sie persönlich zu segnen.

Sehnsucht nach einer neuen Welt

Stundenentwurf für Jugendliche

Sabine Herwig

Auf den ersten Blick haben wir für das Jahr 2018 eine schöne, ermutigende Jahreslosung: Gott versorgt die Durstigen mit lebendigem Wasser, ohne dass wir dafür etwas bezahlen müssen.

Aber welcher Jugendliche ist durstig? Und wonach eigentlich? Wenn Gott spricht, können wir wohl davon ausgehen, dass er nicht einfach den Getränkehändler um die Ecke ersetzen will, sondern dass Durst noch eine ganz andere Dimension haben muss.

In den Seligpreisungen (Mt 5,6) werden die beschrieben, die nach Gerechtigkeit dürsten. Gerechtigkeit, ein großes Wort! Aber was genau steckt dahinter? Es soll gerecht zugehen. Dazu fällt mir ein: Ich habe als Kind genau aufgepasst, dass die Süßigkeiten gerecht geteilt wurden, dass zumindest mein Bruder nicht mehr abbekam, als ich – andersherum hätte ich es nicht so schlimm gefunden. Das nennt man dann allerdings nicht Gerechtigkeitssinn, sondern Egoismus. Gerechtigkeit ist auch in der deutschen Gesellschaft ein großes Thema: Bildungschancen, Geld, Wohnraum – wie gerecht oder auch ungerecht geht es da zu? Und weltweit bekommt das Thema eine ganz entscheidende Bedeutung: Wie kann die Welt gerechter werden? Was meinen wir eigentlich damit? Dass alle das Gleiche haben? Das ist ja nicht Gerechtigkeit. Gerechtigkeit heißt: Der Reichtum des einen wird nicht auf Kosten des anderen erzeugt. Menschen sind im Reinen mit sich, mit ihrer Umwelt und auch mit Gott, weil die Beziehung stimmt und keiner seine Überlegenheit ausnutzt, um den anderen zu diskriminieren, ihn klein zu machen oder auszubeuten. Keine Machtspielchen, keine Unterdrückung. Aber auch keine Gleichmacherei. In der Bibel meint Gerechtigkeit Gottes: Gott ist treu und verlässlich und löst seine Zusagen durch sein rettendes, heilschaffendes Handeln ein. Der Mensch wird der Schöpfung, seinen Mitmenschen und Gott gegenüber gerecht, indem er den Willen Gottes tut. Das heißt: Die Gebote halten und das Gesetz Gottes, das auch die Beziehung des Menschen zur Schöpfung und zu seinen Mitmenschen regelt, achten. Allerdings wird der Mensch an dem Versuch, Gott, Mensch und Umwelt gegenüber gerecht zu sein, immer wieder scheitern. Dafür, so ist es in den Schriften des Paulus zu lesen, hat Gott durch den Tod und die Auferstehung Jesu einen neuen Weg der Gerechtigkeit geschaffen. Wir können Gott vertrauen. Unser Bemühen um Gerechtigkeit in dieser Welt hört dadurch nicht auf, es fängt gerade dadurch an.

In der Offenbarung ist Gerechtigkeit ein großes Thema: Gott richtet, trennt endgültig das Gute und das Böse und vernichtet das Böse. Beschrieben wird die finale Schlacht zwischen Gott und dem Bösen, damit im neuen Jerusalem Gottes Gerechtigkeit endlich Realität werden kann.

In Joh 7,37 fordert Jesus die Menschen dazu auf, zu ihm zu kommen, um ihren Durst mit lebendigem Wasser zu stillen. »Ströme von lebendigem Wasser werden aus seinem Inneren fließen« (Joh 7,38), so sagt er. Jesus benutzt das Bild, um den Heiligen Geist anzukündigen, der zu diesem Zeitpunkt noch nicht gekommen war, weil Jesus noch nicht in den Himmel, zu Gott, aufgefahren war (Joh 7,39). Also ist das Bild vom lebendigen Wasser auch ein Bild, das uns an den Heiligen Geist erinnert. An Gottes Gegenwart in uns. Der Heilige Geist gibt uns Mut und Kraft, lässt Wunder geschehen, die wir selbst nicht hätten vollbringen können. Er ist Trostspender und trägt auch unser Seufzen als Gebet vor Gott. Er ist sozusagen die Verbindung zu Gott, die wir nicht sehen, aber doch spüren können.

Aus diesen Gedanken heraus könnte man die Jahreslosung so interpretieren: Gott will den Menschen, die sich nach Gerechtigkeit sehnen, den Heiligen Geist, also den direkten Draht zu sich, schenken, ohne dass sie dafür etwas tun müssen.

Die Offenbarung: ein Science-Fiction-Roman, kein Zeitungsartikel!

Unsere Jahreslosung steht nicht in den Evangelien oder einem Paulusbrief, sondern in der Offenbarung, für viele Menschen im wahrsten Sinne des Wortes ein Buch mit sieben Siegeln. Die Ereignisse und Bilder sind für aufgeklärte Menschen des 21. Jahrhunderts doch eher befremdlich. Sollen wir glauben, dass das alles genauso passieren wird?

Ist die Offenbarung ein wahrheitsgemäßer Ereignisbericht des kommenden Gerichts Gottes? Und auch hier wieder die Frage: Was können Jugendliche mit der Offenbarung anfangen?

Wer eine ausgeprägte Vorstellungskraft hat, vor dem entstehen beim Lesen der Offenbarung innere Bilder, die zu einem spannenden Weltuntergangs-Thriller werden. Und in dieser Art müssen wir die Offenbarung verstehen. »Die Verwirrung, die manch einer beim Lesen des Buchs erfährt, ist vergleichbar mit der eines Lesers, der einen Science-Fiction-Roman aufschlägt und glaubt, die Tageszeitung vor sich zu haben«, so beschreibt es Frère John.[11] Die Offenbarung ist keine Vorschau auf das Ende der Welt. Der Autor hat andere Methoden und Bilder genutzt, um die gleichen Ziele zu verfolgen wie die Evangelien auch. Er kennt die Lebenssituation der Hörer/innen und wendet Gottes Wort bildreich und symbolhaft auf diese an. Wenn wir uns gemeinsam mit Jugendlichen mit der Jahreslosung beschäftigen, werden aber grundsätzliche Fragen zu dem Buch aufkommen. Die Idee, eine Botschaft in Symbolen und Visionen auszudrücken, kann für die Auseinandersetzung der Jugendlichen mit dem Text sehr gut genutzt werden. Und gleichzeitig sollten die Mitarbeitenden sich vorab noch einmal ihre konkreten Jugendlichen vor Augen halten. Wie weit ist jede und jeder einzelne im Glauben? Wie vertraut sind ihnen die Texte der Bibel? Kennen sie die Offenbarung mit ihren sonderbar anmutenden Bil-

11 Hefte aus Taizé. Das Buch der Offenbarung: Welche Botschaft hält es heute noch für uns bereit? https://www.taize.fr/de_article14608.html.

dern bereits? Wie wirkt dieses Endzeitbuch auf sie? Schürt es Ängste oder gehört es schon fest ins Glaubensbild? Die Offenbarung ist kein Buch, das sich zur Evangelisation eignet. Denn sie ist an Gemeinden gerichtet, die an Jesus glauben. Die Gemeinden sollen im Glauben gestärkt werden und ihnen soll neue Hoffnung gegeben werden. Es ist kein Ziel des Buches, Nichtgläubige zu erschrecken oder zu bekehren! Denn Gott ist ein Gott der Liebe, nicht der Angst. Wenn die Jugendlichen noch ganz am Anfang ihres Glaubensweges stehen oder noch gar nicht wissen, ob sie diesen Weg überhaupt einschlagen, muss eine besonders einfühlsame Erklärung der Offenbarung erfolgen.

Ideen für die Umsetzung mit Jugendlichen

Für den folgenden Stundenentwurf ist die Jahreslosung mit ihrem Kontext im Blick. Die Jugendlichen sollen sich vergegenwärtigen, welche Sehnsüchte und Vorstellungen von einer guten Welt sie haben und Ermutigung darin finden, dass Gott alles für sie bereithält. Wie die Sehnsucht nach einer neuen Stadt entsteht und wie wichtig sie auch heute noch ist, wird an einem konkreten Beispiel vermittelt.

Gott schenkt uns seinen Heiligen Geist und verlangt dafür nichts. Er kann unsere Beziehungen heil machen und uns stärken, damit wir uns nach unseren Möglichkeiten für Gerechtigkeit einsetzen können.

Material:

- A3-Blätter mit je einem Satz in der Anzahl der Kleingruppen
  - Menschen sehnen sich nach …
  - Nur mit … kann ein Mensch leben
  - Gott gibt den Menschen …
- Artikel »Neue Heimat«, Süddeutsche Zeitung Magazin, Nummer 20, 19. Mai 2017 online hier: http://sz-magazin.sueddeutsche.de/texte/anzeigen/46034/Der-Junge-der-Aleppo-wieder-aufbaute (oder in die Suchmaschine eingeben: sz magazin aleppo modell).
- Kreativmaterialien, die bereits vorhanden sind (Papier, Stifte, leere Klopapierrollen, Pappen, Farben, Pinsel, Strohhalme und vieles mehr).
- Text für Mitarbeitende: Unten finden sich Fließtexte, die für die Mitarbeitenden eine Orientierung und thematischer Leitfaden sein sollen. Natürlich sollten diese nicht vorgelesen, sondern besser sinngemäß mit eigenen Worten wiedergegeben werden.

Einstieg: Die Sehnsucht nach einer neuen Stadt – auch im 21. Jahrhundert

Text für Mitarbeitende:

»Diese Welt ist in Unruhe. Krieg und Terror versetzen Menschen weltweit in Angst und Schrecken und erzeugen unendlich viel Leid. Wir haben uns beinahe schon daran gewöhnt: Selbstmordattentäter reißen Menschen in den Tod. In Afghanistan, Frankreich, Ägypten, Deutschland und vielen anderen Ländern. Nirgendwo scheinen wir sicher zu sein. Seit 2011 tobt in Syrien ein schrecklicher

Krieg, auch in vielen anderen Ländern dieser Welt leiden Menschen unter Gewalt. Viele von ihnen haben ihre Heimat verloren und fliehen. Viele Städte sind zerstört und die Menschen, die dort gelebt haben, entweder tot oder heimatlos.

Wir leben hier zwar in Frieden, kriegen das aber alles mit. Und auch bei uns ist nicht alles in Ordnung. Auch in unserem Umfeld gibt es Gewalt. Nicht in Form von Krieg, aber in Form von Mobbing und Gewalt, Ausgrenzung und Hass. Und wir haben verstanden, dass auch unser Alltag sich verändert: Erhöhte Sicherheitsvorkehrungen bei Großveranstaltungen sind eine Konsequenz, die uns vor Augen führt, dass auch unser Leben zerbrechlich ist. Dafür braucht es gar keine Terroristen. Denn auch lebensbedrohliche Krankheiten und der Verlust geliebter Menschen machen uns klar: Das Leben ist endlich. Wir wissen nicht, wie lange es uns gut geht.

Wie groß ist eure Sehnsucht nach Frieden, Sicherheit und der Gewissheit, dass ihr und die Menschen, die euch etwas bedeuten, bewahrt bleiben?

Das ist natürlich ein großes Thema, das nicht in zwei Sätzen abgehandelt ist. Und es ist ein Thema, das Menschen schon lange bewegt.«

Die Jugendlichen teilen sich in Gruppen zu drei bis fünf Personen ein und bekommen das Blatt mit dem Satz »Menschen sehnen sich nach …«. Sie tauschen sich ca. fünf Minuten lang aus und schreiben auf das Blatt, was ihnen einfällt. Wichtig ist, sie zu ermutigen, alles aufzuschreiben. Es gibt keine richtigen oder falschen Antworten. Wenn die Gruppen fertig sind, bekommen sie das zweite Blatt mit der Aufschrift »Nur mit … kann ein Mensch leben«, danach erfolgt das Blatt »Gott gibt den Menschen …«.

Nach der Gruppenphase erfolgt ein Austausch. Je nach Vertrautheit der Gruppe kommen vielleicht auch schon erste persönliche Meinungen auf. So kann aus einem »Menschen sehnen sich nach …« auch schon ein »Ich sehne mich nach …« werden. Dabei ist es gut, wenn es kontrovers zugeht. Es darf diskutiert werden! Auch ein Jugendlicher, der sagt: »Gott gibt den Menschen nichts«, ist ein guter Gesprächspartner, der diese Meinung vertreten darf.

Beispiel: Eine neue Stadt

Text für Mitarbeitende:

»Wir haben überlegt, wonach Menschen sich sehnen (und sind dabei auch unseren eigenen Sehnsüchten schon ein wenig auf die Spur gegangen). Ich habe euch ein Beispiel für die große Sehnsucht eines jungen Menschen mitgebracht. Ein Junge, der seine Heimat verloren hat, stellt sich vor, wie es wäre, wenn seine Stadt wieder aufgebaut werden könnte.«

Der nun folgende Text ist eine Zusammenfassung aus dem Süddeutschen Magazin. Wer im Internet den Artikel kauft, kann auch anhand der Fotos die Geschichte erzählen.

Text aus dem Süddeutschen Magazin zum Vorlesen (stark gekürzt):

»Mohammad Quteish war zehn Jahre alt, als der arabische Frühling, der längst keiner mehr ist, auch über sein Land kam. Heute ist Aleppo nur noch die Stadt in der »die Bestien der Nacht« erwachen, »eine nach der anderen« […].

Das Werk der Zerstörung begann 2011. Aber der Junge

Mohammad wollte sich mit der Zerstörung nicht abfinden. »Als ich all die Trümmer sah, den Schutt und die Asche, da habe ich mich gefragt: Wie kann man das alles jemals nur wieder aufbauen?« Dann fing er an, es zu tun: Aleppo wieder aufzubauen. Nach seinen Vorstellungen. Bei sich zu Hause. Er suchte an Material, was er finden konnte: Papier, Pappe, Tusche, Draht, Tücher, Watte. Damit begann er zu basteln. Stunden, Nächte, Tage, Monate. Bis die Finger bunt und klebrig waren und die Augen müde. Auf einer Fläche so groß wie eine Tür wuchs sein Mini-Aleppo in den Himmel. Die Zitadelle, die er vor der Zerstörung so gern besucht hatte, wurde in seiner Welt wieder ganz.

[…] Das Jahr 2015 wurde für die Familie [, die sich vor dem Krieg eine Hundert-Quadratmeter-Wohnung leisten konnte und die Wochenenden in Freizeitparks und Zoos verbrachte,] unerträglich. Sie waren in den Keller hinuntergezogen. […] Einmal gab es einen Bombenangriff auf die Schule in ihrer Straße. Mohammads Mutter unterrichtete dort. […] Elf Kinder kamen ums Leben. Frau Quteish war zum Zeitpunkt des Angriffs in einem Nebenraum und befreite sich selbst aus den Trümmern. Als sie schließlich auf der Straße vor ihrem Mann stand, erkannte er sie nicht, sie war von oben bis unten mit Staub bedeckt. Ein graues Gespenst.

Mohammad ging kaum noch raus. Kein Fußball mehr auf der Straße. Kein Herumhängen mit seinen Freunden. Keine Schule. Er erzählt, wie er sich nur noch die Ohren zuhielt, wenn draußen Sprengsätze explodierten. Er setzte sich in seine Werkstatt. Hier drinnen war Aleppo, was es draußen nicht mehr sein konnte: eine heile Stadt. Er ließ sie wachsen. Tag für Tag. Er tuschte mit Blau, das wurde dann ein See. Er faltete und klebte Pappe, bis daraus ein Häuschen entstand. Viele präzise Pinselstriche später war es ein Restaurant. In seinem Aleppo sollten die Menschen nach draußen gehen können. Das Krankenhaus bekam einen Hubschrauberlandeplatz. Auf manche Dächer setzte er Solarzellen aus Papier. Auf Stelzen führte er Bahnschienen bis ins Stadtzentrum. Auf dem Fluss schipperten Segelboote. Menschenfiguren sah man nicht. Seine Stadt war leer, als würde sie darauf warten, dass die Bewohner zurückkehren.

Er schaute im Internet, wie andere Metropolen aussehen. Sein Aleppo sollte den Himmel berühren. Wie New York. Sein Aleppo sollte etwas von der Großspurigkeit Dubais bekommen und ein bisschen Pariser Verspieltheit. Voller Wolkenkratzer, mit Pools auf den Dächern und Liegen drumherum. Freizeitparks mit kühnen Achterbahnen. Das Aleppo von morgen, ein besseres Aleppo.«

Text für Mitarbeitende:

»Mohammad sehnt sich danach, dass seine Stadt wieder heil ist – und er erfindet sogar ein neues, ein besseres Aleppo. Aus seiner Verzweiflung über die zerstörte Heimatstadt heraus, baut er Aleppo so auf, wie es wahrscheinlich nie werden wird. Aber dieses Aleppo ist sein Sehnsuchtsort.

So ähnlich muss es den Christen damals auch gegangen sein. Sie leben in einer Zeit, in der sie vom römischen Imperium verfolgt, gefoltert und hingerichtet wurden. Jerusalem war zerstört. Ihre Situation war unerträglich. Wer sich zu seinem Glauben an Jesus bekannte, konnte dafür getötet werden. In einer Welt voller Ungerechtigkeit, Zerstörung und Gewalt sehnten sie sich danach, dass Gott endlich etwas tut. Dass er eingreift. Und dann passiert etwas Abgefahrenes: Johannes erlebt das, was in der Offenbarung steht, als Vision. Er sieht es auf einmal vor sich: Ein neues, besseres Jerusalem. In dieser neuen Stadt gibt es keine Gewalt, keine Tränen und keine Angst. Und es gibt diese besondere Quelle, die direkt an Gottes Thron entspringt (Offb 22,1). Das Wasser des Lebens, das die Völker heilt und den Durst der Menschen für immer stillt. Uns kommen diese Bilder heute seltsam vor, für die Menschen damals war es das Versprechen: Gott wird euch nicht in dieser Welt des Leidens lassen. Er wird die Menschen zu sich holen, die zu ihm gehören. Er wird Gerechtigkeit schaffen. Die Menschen werden durch das Wasser des Lebens eine direkte Verbindung zu ihm haben und sie müssen nicht mehr leiden. Sie müssen keinen Durst mehr erleiden, keine Verfolgung und keine Angst. Wann das soweit sein wird, das erfahren wir nicht. Aber das ist die Hoffnung, die Christen damals und heute aufrecht hält, wenn sie unter Ungerechtigkeit, Unterdrückung und Gewalt leiden. Gott spricht: »Ich will dem Durstigen geben von der Quelle des lebendigen Wassers umsonst« – so steht es da in der Bibel. Die Durstigen sind nicht diejenigen, die nichts zu trinken mehr zu Hause haben, sondern ein Bild für diejenigen, die sich nach Gerechtigkeit sehnen. Sie bekommen den direkten Draht zu Gottes Gerechtigkeit, ohne dass sie dafür etwas tun müssen. Das macht Mut – den Gemeinden damals und heute, die unter Gewalt, Krieg und Verfolgung leiden.

Und uns macht es Mut, uns einzusetzen für Gerechtigkeit. Weil wir schon auf dieser Welt erleben können, wie Gott uns stark macht. Den ersten Schluck vom lebendigen Wasser können wir hier schon probieren. In uns steckt Gottes Geist, der uns ein Stück von der unendlichen Lebendigkeit schenkt. Auch das sind Bilder für etwas, was man schwer erklären kann. Aber wir können es manchmal spüren.«

An dieser Stelle kann auch noch mal ein Austausch über das Thema stattfinden. Was verstehen die Jugendlichen unter der Jahreslosung? Was gab Gott den Menschen damals mit dieser Vision? Wie fühlt es sich an?

Aktion: Wie sieht euer Sehnsuchtsort aus?
Legt das Material bereit. Nun können die Jugendlichen ihren Sehnsuchtsort erstellen. Wenn sie eine neue Erde oder eine neue Stadt erschaffen könnten, wie sähe die aus? Was schenkt uns heute das Gefühl, lebendig zu sein? Ein Blick auf die DIN-A3-Zettel vom Anfang kann eine Inspiration sein.

- Welche Gebäude gibt es? Welche nicht?
- Begegnen sich die Menschen? Wie und wo?
- Was dürfte es in dieser neuen Welt auf keinen Fall geben?
- Was müsste es unbedingt geben?
- Wo wäre Gott in dieser Welt?

Abschlussrunde:
Die verschiedenen Städte/Welten werden vorgestellt. Jeder kann noch einmal sagen, welcher Gedanke ihm oder ihr wichtig geworden ist.

Liedvorschläge

Meine Seele sucht Heimat … du tust
Oh happy day
You are my strengh … Jesus, lamb of god
We shall not be shaken

FUNDGRUBE

Lyrische Texte

Tina Willms

Das ganze Bild

Dass auch die dunklen Wege
nicht in den Abgrund führen
und einer an meiner Seite geht,
auch wenn ich ihn kaum noch spüre.

Dass alle Tränen gesammelt werden
und ins Wasser des Lebens fließen,
dass Trauerzeiten zu Ende gehen
und sich mein Mund neu mit Lachen füllt.

Dass selbst ein steinernes Herz
sich erweichen lässt
und eine Tür ins Freie führt,
wo der Himmel sich weitet.

Dass manches, was vergeblich erscheint,
mich doch wachsen lässt
und mich zu dem Menschen macht,
als der ich gedacht bin.

Dass ich am Ende,
das ganze Bild sehe
und eine Stimme höre,
die sagt: Es ist gut![12]

Anders gesagt: Schöpfung

Schöpfung ist der tägliche Neubeginn. Der Keim, der sich durch die Schale zwängt und durchs Dunkel der Erde ans Licht drängt. Einmal wird er Blüte sein oder Baum.

Die Samenzelle, die mit der Eizelle verschmilzt, um zu einem einzigartigen Wesen zu werden. Einmal wird es ein Mensch sein mit dem Vermögen, die Welt zu gestalten oder zu zerstören.

Schöpfung ist der kreative Prozess, an dem Gott seine Geschöpfe beteiligt:

Das Wort, von dem ich gestern noch nicht wusste, dass ich es heute sage oder schreibe.

Der Garten, der unter meinen Händen entsteht. Die Beziehungen, die ich gestalte.

Schöpfung ist Fantasie und Beharrlichkeit, Geduld und Liebe all derer, denen das Leben am Herzen liegt.

Ein Leben, das – so unscheinbar es auch erscheinen mag – einmal keck das Sterben überwächst, weil Gott es ausstattet mit seiner Kraft.[13]

---

12 Aus: Tina Willms, Erdennah – Himmelweit. © 2014 Neukirchener Verlagsgesellschaft mbH, 3. Auflage 2016, Seite 105.

13 Aus: Tina Willms, Am Wegrand: Ein Wunder © 2016 Neukirchener Verlagsgesellschaft mbH, S. 63.

Ins Buch des Lebens

Lies mich, Gott,
an den Tagen,
den ganz normalen,
die mir so
immer gleich vorkommen.
Lies zwischen den Zeilen
die Sehnsucht,
lausch auf den Grundton
der Melancholie
und zeichne in mein Leben
deine Vision.

Lies mich, Gott,
in den Nächten
lies meine Träume.
die hellen und leichten
und auch die schweren.
Trag dich ein
mit deiner Stimme,
die mich ins Leben zieht
und meinen Ängsten
sorgsam widerspricht.

Meine Zeit
wird anders klingen
durch dich.
Du liest hinein,
wer ich bin und auch,
wer ich sein werde.

Und schreibst
deine Geschichte
ins Buch des Lebens
mit mir.[14]

Variationen über die Stille

I.
Wenn es still wird um mich,
wird es in mir so laut.
Gedanken lärmen. Gefühle rumoren.
Beiseite gedrängte Fragen
kehren keifend zurück.
Und meine Angst beginnt,
wie ein Säugling zu schreien.

II.
Wenn es still wird um mich,
vernehme ich, was ich sonst nicht höre.
Das Knacken der Äste im Wind,
den Ruf des Käuzchens am Abend,
den Nachhall eines späten Geläuts,
das silbrige Summen der Sterne.

III.
Wenn es still wird um mich,
bemerke ich meine Müdigkeit.

---

14 Aus: Tina Willms, Zwischen Stern und Stall © 2015 Neukirchener Verlagsgesellschaft mbH, 2. Auflage 2016, S. 61.

Ich möchte wachsam sein,
möchte noch lauschen
und schlafe darüber ein.

IV.
Wenn es still wird um mich,
höre ich meinen Atem,
spüre ich Arme und Beine
und mein pochendes Herz.

V.
Wenn es still wird um mich,
höre ich manchmal
nicht nur mich.

VI.
Wenn es still wird,
höre ich dich.[15]

---

15 Aus: Tina Willms, Zwischen Stern und Stall © 2015 Neukirchener Verlagsgesellschaft mbH, 2. Auflage 2016, S. 40.

Gott spricht: Ich schenke euch ein neues Herz

Christian Hählke[16]

Jahreslosungslied 2018 T+M: Christian Hählke 13.3.2015

Gott spricht: Ich will dem Durstigen geben von der Quelle des lebendigen Wassers umsonst. Offb.21,6b (L)

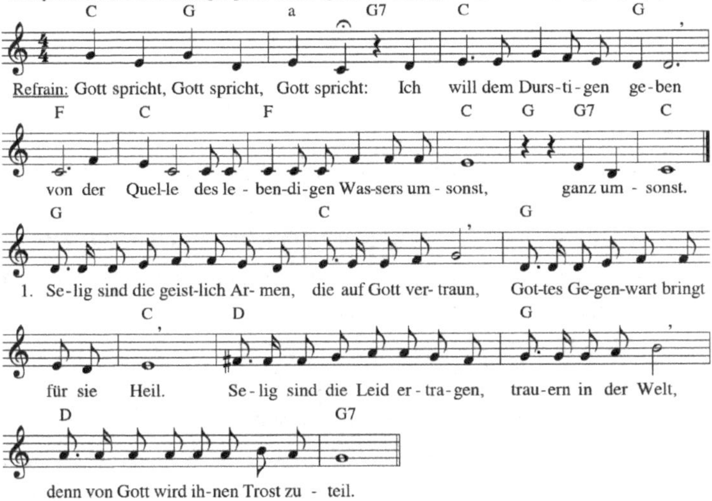

2. Selig, die Gewalt verneinen, die sanftmütig sind, sie besitzen bald das Erdenrund.
   Selig sind, die hungern, dürsten nach Gerechtigkeit,
   Gott stillt Hunger, macht sie ganz gesund.

3. Selig sind auch alle, die Barmherzigkeit probier'n, Gott wird auch mit ihnen herzlich sein.
   Selig sind die reinen Herzens sind und leben so,
   denn sie sind vor Gottes Antlitz rein.

4. Selig sind die Frieden stiften in der bösen Welt, Gott sieht sie als seine Kinder an.
   Selig, wer Verfolgung leidet, weil er mit Gott lebt,
   sie sind an der neuen Welt nah dran.

nach den Seligpreisungen aus Mt 5,3-10

---

16 Kopieren erlaubt, außer für kommerzielle Verwendung; alle Rechte beim Autor – haehlke@web.de.

Der wertlose Geldschein

Dieter Kohl

1985. Es hatte lange nicht geregnet auf den Hochebenen Äthiopiens. Die Ernten waren vertrocknet, das meiste Vieh verdurstet und die Menschen versuchten, sich in die Versorgungscamps der Hilfsorganisationen zu retten. Wir waren unterwegs in eines dieser Camps nahe der Stadt Alamata. Hinter uns die Staubwolke unseres Fahrzeugs, vor uns eine trostlose, vertrocknete Landschaft. Am Straßenrand stand eine hochgewachsene Frau. Sie winkte müde und streckte uns eine leere Plastikflasche entgegen. Als wir anhielten, kam sie langsam zu unserem Wagen. Sie zeigte auf die leere Flasche. Dann nahm sie von ihrem Hals die silberne Schmuckkette, die sie dort trug und hielt sie uns hin. Unser äthiopischer Fahrer sagte, dies sei sicherlich ihr Brautschmuck, und damit das Wertvollste, was sie bei sich hatte. Eine Silberkette für eine Flasche Wasser. Eine Silberkette, um zu überleben. Eine Begegnung, die man nicht vergisst.

Viele Jahre später. Eine vollkommen neue und andere Geschichte. Im Souvenir-Shop auf der Wartburg wird ein 0-Euro-Schein mit darauf abgebildeter Wartburg angeboten. Es sei ein echter, von der Europäischen Zentralbank genehmigter Geldschein, erklärt man mir, auf Banknotenpapier gedruckt und sogar fälschungssicher. Schönes Souvenir! Aber letztlich ist es ein Euroschein mit dem man nichts kaufen kann.

Doch dieses Bild vom »wertlosen Geldschein« setzt sich im Kopf fest. Wäre es nicht auch ein starkes Bild für Gottes Gnade, die er uns ohne Gegenleistung schenkt, sozusagen für null Euro? Vielleicht könnte man auf so einen Schein sogar den Satz »Gottes Gnade gibt es umsonst« drucken? Ob so etwas geht? Neugierig frage ich beim Hersteller nach, warte – und erhalte dann die Zusage: Es geht! Und so sieht der Schein aus.

Informationen und Bestellmöglichkeit zum abgebildeten Schein unter https://gott.net.

Dies ist mit Sicherheit der weltweit einzige Geldschein mit dem Satz »Gottes Gnade gibt es umsonst«. Auf einem letztlich wertlosen Schein steht eine der wertvollsten Informationen überhaupt: Gott gibt umsonst.

Deshalb auch die Geschichte mit der äthiopischen Frau. Sie hätte für Wasser alles gegeben. Aber wir wollten ihre Silberkette nicht. Wir nahmen die Frau mit ins nahe Camp. Dort gab es dann Wasser für sie.

Mehr als genug.

Und immer umsonst.

Herausgeber, Autorinnen und Autoren

Herausgeber

Martin Werth, Dr. theol., ist Dozent und Direktor der Evangelistenschule Johanneum, Wuppertal.

Martina Walter ist Diplom-Pädagogin und Dozentin an der Evangelistenschule Johanneum, Wuppertal.

Autorinnen und Autoren

Werner Anisch war Mitarbeiter im Geistlichen Zentrum Kloster Bursfelde an der Weser, jetzt im Ruhestand, Erfurt.

Johannes Beer ist Gemeindepfarrer, Pfarrer der Offenen Kirche und Kulturbeauftragter des Kirchenkreises, Herford.

Oliver Cremer, Dr. theol., ist Pfarrer, Windeck-Rosbach.

Jutta Georg ist Lehrerin im Ruhestand, Referentin und Initiatorin des Sorgentelefons CHRIS, Herscheid.

Christian Hählke ist Pfarrer und Liederdichter, Höchstenbach.

Sabine Herwig ist Gemeindemanagerin in der Ev. Kirchengemeinde Elberfeld-West, Wuppertal.

Dieter Kohl ist Leiter der Agentur gott.net, Dülmen.

Bernd Pfalzer ist Referent für Teenager-, Jugend- und Junge-Erwachsenen-Arbeit beim Deutschen EC-Verband, Kassel.

Andrea Schmidt ist Bildungsreferentin beim Blauen Kreuz Deutschland, Wuppertal.

Katharina Schöpflin ist Gemeinschaftspastorin, Berlin.

Julia Steinbacher, Dr. rer. nat., ist Diplombiologin, Moers.

Tina Willms, ist Pfarrerin und Autorin, Hameln.